流通経済大学流通情報学部創設25周年叢書

現代物流産業論

ロジスティクス・プラットフォーム革新

林克彦

流通経済大学出版会

はしがき

　本書は、現代の物流産業についてプラットフォームの視点から論じた本である。

　現代の物流産業を取り巻く環境は厳しく、物流危機と呼ばれる状況が続いている。2014年度の消費税引上げ頃から、長距離運転者を中心に労働力不足問題が取りあげられるようになった。高度成長期やバブル経済期にも運転者不足が問題となったが、その後の不況期に労働力不足は改善されてきた。しかし、現在の労働力不足問題は、労働人口が急減する局面で生じており、労働生産性を向上させる以外に解決策は見当たらない。

　さらに2020年からは、新型コロナウイルス感染症（COVID-19）が蔓延し、経済社会に打撃を与えている。経済活動への影響により、企業物流が停滞する一方、巣ごもり消費によってネット通販が普及し宅配荷物が急増している。2022年春現在、労働需給の逼迫はやや緩和したものの、エッセンシャルワーカーである運転者の感染対策を講じながら増員することはなおも難しい。働き方改革の一環として残業時間の上限規制が強化される2024年が迫るなか、労働生産性の向上が喫緊の課題となっている。

　このような状況で求められるのが、革新（イノベーション）である。これまで物流産業では、宅配便やコンテナリゼーション、インテグレーターといった革新が生まれてきた。宅配便は、新たな消費者物流市場を生み、現在も急増するネット通販物流を支えている。コンテナリゼーションは、定期船海運の船舶を在来船から専用コンテナ船に切り替え、ドアツードアの一貫輸送をもたらした。インテグ

レーターは、フォワーダーと航空会社の機能を統合し急送市場を開拓した。現在では、宅配便やメガキャリア、インテグレーターは、物流市場の上位を占める巨大企業に成長した。

物流産業に革新をもたらしているのは、物流産業内のプレイヤーだけではない。もっとも革新的なのは、物流サービスを競争力の源泉として巨額の投資を行う荷主企業である。アマゾンやウォルマートは、ロジスティクスに投資を続け、サプライチェーン全体を自社で担っており、コロナ禍でも急激に取扱能力を拡大している。

これらの革新に共通するのは、ロジスティクスプラットフォーム（LPF）が基盤になっていることである。宅配便とインテグレーターは、小型貨物を対象に荷姿や情報を標準化し、作業を機械化・自動化した。コンテナリゼーションは、標準輸送用具となる ISO（国際標準化機構）規格コンテナを導入することにより、荷役作業を機械化した。アマゾンやウォルマートは、調達先から消費者までのサプライチェーン LPF を構築している。

LPF への取り組みは、これらの事例に留まらない。総合物流業者や3PL（Third Party Logistics）事業者は、自社の輸送、保管、情報等の基盤プラットフォームを組み合わせて、顧客別にサービスを提供するプラットフォーム・サービスに力を入れている。このような動きは、顧客との新たな提携関係で生じており、組織革新と同時に進んでいる。

LPF は、これまでの物流産業の革新で重要な役割を果たしてきただけでなく、労働生産性向上や地球環境問題への対応等、物流課題への対応でも重要な考え方である。以下では、現代の物流産業におけるLPF について多面的に議論する。アマゾン等の荷主企業のLPF を含めて議論するが、その理由は、荷主企業が自家用の基盤LPF を拡大し、それを利用して物流サービスを提供しているためである。巨大荷主企業による物流サービスの提供は、物流専業者に

大きな問題を投げかけている。

　本書は、これまで雑誌や紀要、報告書等で発表してきた論文を基に構成されている。目次の後に論文の初出一覧を明記しているが、必要に応じて加筆修正を行っている。とくにコロナ以前に発表したものについては、コロナ下の状況を中心に大幅に加筆している。

　本書の構成は、領域別に第1〜5章が国内物流、第6、7章が米国小売物流、第8、9章が国際物流、第10章が展望になっている。第4、5章は国内ネット通販物流を対象にしているため、第6、7章の米国小売物流の章と対比して読むこともできる。

　第1章では、日本の物流産業における組織革新に焦点を当てている。規制緩和当時と現在とでは、経営環境が激変したにもかかわらず、物流産業の構造は意外にも変化が少ない。大手企業と膨大な零細企業との二極化は進んでいるものの、上位集中化はそれほど進んでいない。しかし、物流事業者のなかには、総合物流や3PLといった新たな業態を展開し、様々な物流機能を組み合わせたロジスティクス・サービスを提供するものが増えている。そのような企業は、荷主企業との短期契約による市場取引に留まらず、中長期的な提携関係を結ぶようになっている。このような企業が上位を占めるようになり、徐々に物流産業全体の組織革新が進んでいることを明らかにする。

　売上高や従業員数等の規模で見た場合、物流産業でもっとも重要性が高いのはトラック運送事業である。第2章では、トラック運送事業における労働力不足と労働生産性について議論する。物流危機が叫ばれるほど運転者不足が深刻化し始めた頃から、トラック運送事業から撤退するものも増えるようになった。運転者の賃金や運賃は上昇したものの積載効率は低下を続け、国土交通省が労働生産性革命で目標とする労働生産性の水準にはほど遠い状況が続いている。各事業者が生産性向上の努力を続ける一方、トラック輸送産業

全体で生産性を高める必要がある。そのためには、各事業者の輸送キャパシティを共同利用するための共同輸配送やマッチング等のプラットフォームを構築する必要があることを説く。

　第3章では、本書のキーワードとなるLPFについて、内部、サプライチェーン、産業、テクノロジーの4類型を提唱する。LPFは、物流企業内部における輸送、保管、情報等の基盤機能における規模の経済やネットワークの経済を活用しながら、荷主層別にカスタマイズしたサービスとして提供するマスカスタマイゼーションの仕組みである。自動車産業向けLPFや産業別LPF等の事例をみると、効果と効率両面でLPF構築が重要な役割を果たしていることが分かる。今後、LPFを物流産業レベルに拡大し、テクノロジー・プラットフォームを活用することが必要なことを指摘する。

　登場以来、様々な革新をもたらしてきた宅配便は、物流産業のイノベーターとして位置付けられる。CtoCに次いでBtoCの小型貨物輸送のLPFとなり、急成長するネット通販のラストマイルを支えている。第4章では、宅配危機からコロナ禍までの宅配便市場の動向を把握したうえで、ヤマト運輸を中心にECプラットフォーム構築やラストマイル体制、デジタルトランスフォーメーション（DX）、顧客企業との戦略的提携等の革新的な取り組みを把握する。

　ネット通販事業者にとって、配送サービスは重要な差異化要因であり、各社はロジスティクスに投資を拡大している。物流事業者と比べ豊富な資金力を持つネット通販事業者は、大規模で革新的なLPFを急ピッチで構築している。第5章では、アマゾンジャパンを中心に、ネット通販事業者がどのようにLPFを構築してきたか明らかにする。

　アマゾンジャパンのLPF構築は、米国アマゾン・ドット・コム（アマゾン）のロジスティクス戦略を日本の事業環境に適用させたものである。アマゾンは、創業当初からロジスティクスを重視し、物

流事業者に依存せずに、速くて安い配送サービスを提供することを追求してきた。第6章では、マルチサイド・プラットフォームを含めて複合型ビジネスモデルを採用するアマゾンが、様々な革新を導入しながら、サプライチェーンLPFを構築してきた過程を振り返る。アマゾンのLPFは大手物流事業者と並ぶほどの規模に急拡大し、このLPFを利用して一般企業向けの物流サービスを提供するようになった。アマゾンは、物流事業者に依存するどころか、強力な競争者になりつつある。

コロナ禍でロックダウン（都市封鎖）など厳しい規制が課された米国小売市場では、EC化率が急激に高まり、実店舗小売業者もオムニチャネル戦略を加速した。第7章では、米国小売市場トップを争うようになったアマゾンとウォルマートによる急激なLPF拡大の過程をまとめた。両社は、極めて短時間に分散型配送拠点やMFC（Micro Fulfillment Center）を整備しクラウドソーシングでラストマイルを拡大することにより、スピード配送を競い合っている。

第8章では、物流産業におけるイノベーションの代表例であるコンテナリゼーションについて取り上げる。コンテナリゼーションにより規模の経済が強く働くようになり、定期船市場ではメガキャリアによる寡占化が進み、複合輸送やロジスティクス・サービスの分野ではメガフォワーダーが台頭している。国内物流市場と異なり、国際物流市場ではメガキャリアとメガフォワーダーのグローバル競争による再編が進んでいる。コンテナリゼーションは、グローバリゼーションを支える効率的なLPFとして重要な役割を果たすとともに、国際物流産業の構造に大きな影響を及ぼし続けている。

航空会社とフォワーダーとの分業で成り立っていた国際航空貨物輸送は、両者を垂直統合したインテグレーターによって革新がもたらされた。第9章では、航空貨物輸送市場における航空会社、フォワーダー、インテグレーターの競争と補完について論じる。イ

ンテグレーターは、貨物航空会社として最大級の輸送量を誇り、ロジスティクス・サービス・プロバイダー（LSP）としても最大の売上を記録している。コロナ禍で旅客機の下部貨物室の輸送力が激減したため、さらにインテグレーターのプレゼンスが高まっている。

　最後に第10章では、今後の展望も含め持続可能なロジスティクスのあり方を議論する。気候変動問題が現実の脅威となり、ロジスティクス分野でもカーボンニュートラルが求められている。これまでの革新では、効率化を通じて地球温暖化ガス排出が抑制されてきたが、それだけで目標を達成することは困難である。あらゆる物流ネットワークを接続して全体最適化を図ろうとするフィジカルインターネット（PI）が提唱され、一部では実用化に向けた実証実験等が始まっている。PI 実現までの課題は山積しているが、今後の展開に期待したい。

　本書は流通経済大学流通情報学部創設25周年叢書の１冊として出版された。出版事情が厳しいなか、ご支援いただいた流通経済大学出版会には深謝いたしたい。また各章の初出の多くは、公益社団法人日本交通政策研究会の研究プロジェクト報告書で発表したものである。研究にご協力いただいた日本交通政策研究会および研究プロジェクト関係者各位に、感謝を申し上げる次第である。

2022年 3 月

林　克彦

現代物流産業論
ロジスティクス・プラットフォーム革新

目次

初出一覧*

*コロナ下の状況を補足するため、すべての章について可能な範囲で最新時点
（2022年2月頃）までの動向等を加筆修正した。

第1章 　林克彦（2020）「物流産業組織の革新」『物流問題研究』No.69

第2章 　林克彦（2018）「トラック運送事業における労働力不足と労働生産性」
　　　　『物流問題研究』Vol.67

第3章 　林克彦（2022）「物流産業におけるプラットフォーム革新」『流通情報
　　　　学部紀要』Vol.26、No.2

第4章 　林克彦（2021）「小型貨物輸送市場における新展開とフィジカルイン
　　　　ターネット」『日交研シリーズ』A-818

第5章 　林克彦（2019）「ネット通販事業者の配送サービスと宅配便ラストマ
　　　　イルの変化」『日交研シリーズ』A-762
　　　　林克彦（2021）「小型貨物輸送市場における新展開とフィジカルイン
　　　　ターネット」『日交研シリーズ』A-818

第6章 　林克彦（2020）「アマゾンのロジスティクス・プラットフォーム」『日
　　　　交研シリーズ』A-793

第7章 　林克彦（2021）「米国における COVID-19のネット通販物流への影響」
　　　　『日交研シリーズ』A-818

第8章 　林克彦（2021）「コンテナ物流事業の構造変化―メガキャリアとメガ
　　　　フォワーダーによる市場再編―」『物流問題研究』No.71

第9章 　林克彦（2021）「航空貨物輸送事業の構造変化―航空会社、フォワー
　　　　ダー、インテグレーターの競争・補完―」『流通経済大学流通情報学部
　　　　紀要』Vol.26、No.1

第10章　林克彦（2019）「ネット通販物流の革新性」『運輸と経済』9月号
　　　　林克彦（2021）「フィジカルインターネット概念とその取組状況」『日
　　　　交研シリーズ』A-818

第 1 章

物流産業組織の革新

1.1 組織革新の意義

　物流市場では、膨大な数の事業者が激しい競争を繰り広げている。そのなかで、一部の物流事業者は、内発的成長や買収・合併等により規模を拡大しており、物流産業全体では緩やかな集中化が進んでいる。大手物流事業者は、伝統的な物流事業よりも、宅配便や総合物流、3PL（Third Party Logistics）といった業態型サービスを展開することで成長を続けている。

　顧客である荷主企業との連携が重要になっており、総合物流や3PLでは、市場取引と比べ荷主との緊密な企業間関係により高度なサービスを提供している。このような企業間関係の変化も、物流産業組織の大きな変化として注目される。

　物流危機が深刻化するなか、物流産業の労働生産性向上が重要課題とされ、イノベーション（革新）の必要性が唱えられている。このような物流組織の変化は、物流産業を再組織化する組織革新（オーガニゼーション・イノベーション）として注目される。

　以下では、物流産業組織の変化について、従来の事業区分のもとでは物流事業者の2極化が進む一方、宅配便、総合物流、3PLといった業態型サービスの重要性が増していることを指摘する。次いで顧客である荷主との関係では、契約による中長期継続的関係が重要になっていることを説明する。最後に、このような産業組織の変化がオーガニゼーション・イノベーションに繋がる可能性を議論する。

1.2　物流産業組織の変化

1.2.1　事業区分からみた物流産業

　物流産業は事業法に基づいて、道路、鉄道、海運、航空による実運送事業が規定され、さらに利用運送事業や倉庫業等が定められている。このうち鉄道、海運、航空運送事業のように大量輸送機関を所有して輸送サービスを提供する事業では、資本集約的な特性が強く大企業の占める比率が高い[1]。

　これに対し、トラック運送事業や利用運送事業、倉庫業では、中小企業が大多数を占めている。これらの事業を兼業する事業者も多く、狭義の物流事業として区分されることもある。狭義の物流事業と大量輸送機関による実運送事業とは、相互に補完しあっており、競合度は低い。以下では、狭義の物流事業を対象に議論を進める。

1.2.2　零細事業者の増加

　物流二法施行時と現在とを比較すると、この間の事業環境変化を反映し、物流事業者の零細性が強まっている[2]。トラック運送事業では、多数の零細事業者の参入を招き、規制緩和前の約4万社から6万社を超えるまで急増した。激しい競争と運賃規制の緩和によって、運賃水準は低下した。最近では、輸送安全や環境にかかわる規制強化や、労働力不足の深刻化によって、撤退する事業者が増えて

（1）　ただし内航海運は船舶が小型なことや、歴史的な経緯を反映し一杯船主が多いことから、中小企業の占める比率が高い。

（2）　物流二法（貨物自動車運送事業法と貨物運送取扱事業法）は、1989年成立、翌年施行された。

いるものの、零細事業者の占める割合は非常に高いままである[(3)]。

　さらに近頃では、急増する宅配需要に対応し、貨物軽自動車運送事業者の数が増えている。一般貨物自動車運送事業では最低保有車両台数5台が規定されているが、軽トラックやバイクによる貨物軽自動車運送事業では1台でも登録が可能である。このためオーナーオペレーターを中心に176,859社もの貨物軽自動車運送事業者が存在している[(4)]。

1.2.3　利用運送事業者の増加

　貨物運送取扱事業法（現・貨物利用運送事業法）により、利用運送事業への参入規制が緩和され、事業者数が大幅に増加した。トラック運送事業者や倉庫業者、港湾運送事業者は、複数輸送機関の利用運送事業の兼業を拡大し、総合物流サービスを展開するようになった。

　トラック運送事業者は、需要変動に柔軟に対処するため、利用運送（傭車）をさらに拡大するようになった。さらに、自ら自動車貨物の実運送を行わない利用運送専業者の数が増えており、その数は25,439社まで増加している（表1.1に含まない）。

（3）　一般トラック運送事業者数は、2007年度の63,122社をピークとし、微減
　　　傾向にある。地場トラック（旧区域）運送業のうち、トラック台数10台以
　　　下の事業者数は1990年度末の16,745社から2018年度末の29,197社に増大し
　　　ており、その比率は42％から51％に増大している。『数字でみる物流』各
　　　年版。
（4）　国土交通省自動車貨物課による2020年度末事業者数。2017年度末と比較
　　　して8.6％増大した。

表1.1　事業法に基づく区分による物流産業の概要

年度	1990年度				2019年度			
区分	営業収入（十億円）	事業者数	従業員数（千人）	中小企業の割合	営業収入（十億円）	事業者数	従業員数（千人）	中小企業の割合
トラック運送業	10,209	40,072	1,037	99.9%	19,358	62,599	1,940	99.9%
ＪＲ貨物	205	1	11	-	161	1	5	-
内航海運業	2,853	7,255	56	93.7%	860	3,376	69	99.7%
外航海運業	1,945	-	-	-	3,294	190	7	58.7%
港湾運送業	1,200	1,093	66	88.4%	978	859	51	88.2%
航空貨物運送事業	217	-	-	-	272	22	42	50.0%
鉄道利用運送事業	140	723	20	89.1%	331	1,140	8	86.0%
外航利用運送事業	-	-	-	-	380	1,105	5	81.0%
航空利用運送事業	133	75	-	-	640	203	14	69.0%
倉庫業	1,500	4,336	104	83.5%	2,320	6,382	115	91.0%
トラックターミナル	28	19	0	-	32	16	0.5	93.8%

注：各統計値の一部には、入手可能な直近年度データを含む。
資料：『数字でみる物流1992年、2021年』等より作成

1.2.4　緩やかな集中化

　一般的に産業が成熟化するにつれ、市場集中度が高まる傾向にある。物流産業では、零細事業者の数が増加し分散度が高まっているが、売上高ベースでみると緩やかに集中化が進んでいる。

　売上高上位企業を1991年度と2019年度とで比較すると、両年度トップの日本通運の売上高は、狭義の物流市場（自動車、利用運送、港湾運送、倉庫の売上高計）よりやや低いペースで拡大し、市場シェアは11％から９％に減少している。

　2019年度２位のヤマトホールディングスと３位の SG ホールディングスは、この間の宅配便の急成長により売上高を大きく拡大している。上位３社のシェアは、1991年度の17％から2019年度の26％へ拡大している。

表1.2　物流業売上高上位企業の推移（1991年度、2019年度）

年度		1991年度			2019年度		
順位	企業名	連結売上高（億円）	シェア		企業名	連結売上高（億円）	シェア
1	日本通運	14,238	11%		日本通運	20,803	9%
2	ヤマト運輸	4,543	3%		ヤマトホールディングス	16,301	7%
3	山九	3,138	2%		SGホールディングス	11,735	5%
4	西濃運輸	2,584	2%		日立物流	6,723	3%
5	福山通運	2,522	2%		セイノーホールディングス	6,271	3%
6	日立物流	2,080	2%		センコーグループホールディングス	5,700	2%
7	東京佐川急便	1,629	1%		山九	5,695	2%
8	センコー	1,378	1%		近鉄エクスプレス	5,445	2%
9	上組	1,310	1%		鴻池運輸	3,108	1%
10	三菱倉庫	1,209	1%		福山通運	2,930	1%
	上位1社	14,238	11%		上位1社	20,803	9%
	上位3社	21,919	17%		上位3社	48,839	20%
	上位10社	34,631	26%		上位10社	84,711	35%
	物流業（トラック、利用運送、港運、倉庫）	131,820	100%		物流業（トラック、利用運送、港運、倉庫）	240,070	100%

資料：輸送経済新聞1992年7月25日、ロジビズ2020年8月号等より作成

　この間に登場した3PL事業も大きく成長している。3PL事業に注力している日立物流とセンコーグループが、2019年度それぞれ第4位と第6位に浮上している。

　一方、かつて大きな売上を誇っていた特別積合せ運送事業は停滞が続いている。主要特別積合せ運送事業者は多角化を進め、セイノーホールディングスや福山通運はそれぞれ第5位、第10位を占めている。

　上位10社の累積シェアは、1991年度の26％から、2019年度の35％へ緩やかに増加している。

　規制緩和後約30年が経過したにもかかわらず、上位企業の顔ぶれにほとんど変化が見られないことも、日本の物流産業の特徴であ

る⁽⁵⁾。1990年度の上位 8 社は、2019年度でも上位10社に残っている。1990年度に第 9 位を占めていた上組は2019年度も第11位、同じく第10位の三菱倉庫も14位を占めている。

1.3　物流業態化

1.3.1　物流産業における業態

　規制緩和は、物流事業者の自由な事業展開を促進し、営業ネットワークの拡大や総合的な物流サービスの提供を加速させた。上記のように大手物流事業者は、事業環境の変化にうまく適合し、着実に規模を拡大した。それ以外の物流事業者の多くも、多角化を進め総合的な物流サービスを提供するようになった。このため、伝統的な事業区分だけでは物流産業を見通せなくなっており、より物流の実態に合った区分が必要になっている。

　小売業では、販売商品に基づく業種よりも販売方式に基づく業態による区分がしばしば用いられる。同様に物流業においても業態化が指摘されており、中田・長峰 (1999) は『「業態化」といえば、「だれに何を売っているか」を明確にする営業形態」を採用することをいい』、物流業態として即配サービス業、宅配便を例として挙げている。顧客（だれ）と機能（何を）とを軸にして、物流業の業態を示せば、図1.1のようになる。

（5）　米国のトラック輸送産業では、規制撤廃後に急速に企業淘汰が進行した。齊藤（1999）参照。

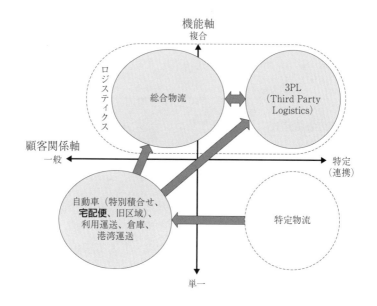

図1.1　物流産業における業態区分

1.3.2　業態化の進展

　提供機能に基づく伝統的な業種は、機能軸上では単一機能を提供する事業に区分される。これらは、不特定多数向けの一般物流事業と特定荷主向けの特定運送事業とに区分される。従来の特定運送事業者は、規制緩和により一般運送事業への参入が容易になり、その数は急減している[6]。

　伝統的な物流業は、機能を複合化し顧客を明確にすることで、総

（6）　特定運送事業者数は、1991年度末の1,465社をピークに減少を続け、2019年度末には351社となった。『数字でみる物流』各年版。

合物流や3PL といったロジスティクス・サービスを提供する業態に発展している。このような業態化が、既存の大手物流事業者の主導により漸進的に進展してきたところに、日本の物流市場の特徴がある[7]。

　総合物流事業者は、提供する機能を多角化し、陸、海、空の輸送サービス、これらを組み合わせた複合輸送、保管と輸配送を組み合わせた物流センター業務等を提供するようになった。これらのロジスティクス・サービスは不特定多数向けのものだけでなく、共通ニーズを持つ特定業界向けのサービスを提供するものも多い。

　3PL は、ロジスティクス・サービスを提供する点で総合物流と共通するが、より顧客に密着した業態として区分される。ただし、実態的には総合物流事業者が3PL 部門を設立したり、3PL が特定業界向けのサービスを提供するなど、厳密に区分することは難しい。しかし、次節でみるように荷主企業と物流事業者との企業間関係から分析する場合、有用と考えられる。

1.3.3　宅配便の革新性

　宅配便は、中田・長峰(1999) が指摘するように新業態の代表例として挙げられる。一般運送事業者が汎用トラックを用い不特定多数の荷主企業に輸送サービスを提供しているのに対し、宅配便はそれまで物流事業者が顧客と捉えていなかった消費者をターゲットと

（7）　総合物流、3PL という区分は一般にも広がっている。東洋経済新報社
　　　（2020）では、陸運・物流、鉄道、海運、空運、倉庫・物流施設といった
　　　伝統的な事業区分の下で、さらに陸運・物流のなかに宅配便、総合物流、
　　　国際物流（利用運送）、路線トラック、3PL（物流業務の一括受託）を挙げ
　　　ている。宅配便、路線トラックは、貨物自動車運送事業法で規定される宅
　　　配便、特別積合せと同じであるが、総合物流、3PL は提供するサービスに
　　　基づいた区分である。

したことが画期的である。

　事業法に宅配便が規定された時点で、事業規制面でも重要な新業種として宅配便が位置づけられたとみることができるかもしれない。しかし、宅配便は、さらに顧客を一般消費者から、一般企業や特定企業に拡大している。企業向けには、物流センターの運営と宅配便を組み合わせたロジスティクス・サービスにも取り組んでおり、革新性は失われていない。

　宅配便事業は寡占化が進み、ヤマト運輸、佐川急便、日本郵便の3社で取扱個数の9割以上を占めている。ヤマトホールディングスとSGホールディングスのデリバリー事業の売上高は、それぞれ1兆3,111億円、9,554億円にまで拡大し、宅配便は物流を代表するサービスになっている（2019年度）[8]。

　宅配便の対象とする顧客についてみると、小口商業貨物やネット通販荷物が急増しており、宅配便開始時のターゲットである消費者を大きく上回っている。宅急便の場合、個人の占める割合は7％程度まで低下し、小口法人が46％、大口法人が46％を占めている。経営構造改革プラン「YAMATO NEXT100」では、重点取組事項の一つとして、法人領域での業界、顧客を特定したアカウント管理の強化を挙げている。SGホールディングス（2020）は、「宅配事業領域2.4兆円のマーケットで個数を追いかけない」「物流業界全体をターゲットとする」としている。

　このように宅配便事業者は、宅配便を基盤に総合物流や3PLへの取り組みを続けている。ヤマトホールディングスとSGホールディングスのロジスティクス事業の売上高は、それぞれ1,439億円、1,358億円である（2019年度）。

（8）　日本郵便の郵便・物流事業は、営業収益2兆1,149億円である（2019年度）。『日本郵便株式会社法第13条に基づく書類』2020年。

1.3.4 総合物流事業者によるロジスティクス・サービス

　石油危機後の安定成長期、複合輸送や利用運送への取り組みと関連して、総合物流が登場した[9]。当時と今日では物流産業を取り巻く環境は大きく変わり、とくにロジスティクスや情報化が大きく進展している。ここでは総合物流をロジスティクスとして捉え、単一の物流事業から多角化を進め、物流機能と情報機能を組み合わせたロジスティクス・サービスを提供する事業として捉えたい。このようなサービスを提供する事業者を総合物流事業者とし、これと3PLを合わせてロジスティクス事業者（LSP）と呼ぶこととする[10]。

　総合物流業は、もともとは不特定多数顧客のニーズに対し、総合的な物流サービスを提供する事業者である。かつての「物流の百貨店」というキャッチフレーズのように、総合物流事業者に相談すれば欲しい物流サービスを調達することができるというイメージであった。

（9）　山野辺・河野（1986）42〜43頁によれば、物流ニーズが多様化、複合化し、個別的サービスよりも複合化したサービスが求められるなか「総合物流」という表現が用いられるようになった。1974年運輸政策審議会物的流通部会『鉄道と自動車による協同一貫輸送の推進について』では複合輸送との関連から言及され、1981年運輸政策審議会答申『長期展望に基づく総合的な交通政策の基本方向』では「総合運送取扱業制度」の創設が提案された。この安定成長期に、「荷主企業のニーズに適応した輸送システムの推進のほか、在庫管理、物流加工、集配作業、情報収集・処理等を含め物流サービスのトータル化をすすめる総合物流業」が登場した。

（10）　LSP（Logistics Service Provider）を直訳すると、ロジスティクス・サービス提供事業者になる。Mangan et.al.（2012）154頁では、単純な輸送、保管サービスから3PLまであらゆる物流サービスを提供する事業者をLSPと定義しており、LSPは日本の物流事業者と同義である。本章では、ロジスティクスの原義を重視して、総合物流事業者と3PLを総称してロジスティクス事業者（LSP）と定義する。

しかし、小売業界で百貨店が専門店の台頭によって低迷しているように、総合物流事業者も不特定多数向けのサービスでは陰りがみられるようになった。総合物流事業者は、より高度なロジスティクス・サービスを開発し、一般顧客に販売するだけでなく、共通ニーズを持つ顧客層を対象としたロジスティクス・サービスを提供するようになった。

具体的事例としては、特定地域向けの共同輸配送や特定産業の荷主企業向けのプラットフォーム・サービスが挙げられる。日本通運は、2020年に組織改正を行い、ビジネスソリューション部門にデジタルプラットフォーム戦略室を設け、医薬品等の産業にソリューションを提供する事業を開始した。

東洋経済新報社（2020）によれば、日本通運と近鉄エクスプレスが総合物流事業者として区分されている。しかし、その他の多くの物流事業者が多角化を進めており、総合物流業は物流業の大きな部分を占めている。さらに総合物流業のなかで、共同配送やプラットフォーム等の事業が成長していけば、やがてこれらが新業態として位置付けられるようになるかもしれない。

1.3.5　3PL

1990年代後半、長期不況が深刻化するなか、日本の国際競争力を取り戻すため経済社会の構造改革が議論されるようになった。物流高コストが国際競争力低下の一因とされ、物流改革が求められるようになり、物流政策のガイドラインとなる総合物流施策大綱が策定された。総合物流施策大綱（1997-2001）では、3PLを「荷主に代わって、最も効率的な物流戦略の企画立案や物流システムの構築について包括的に受託し、実行すること」と定義し、3PLの促進が謳われた。

　物流事業者の中には、それ以前から同様な提案型事業を展開するもののもあったが、より多くの物流事業者が3PL に注目するようになった。激しい競争のなかで新機軸を求める物流事業者は、荷主との連携を深め荷主の立場でロジスティクスを改革する3PL に取り組むようになった。

　中核事業への集中を進める荷主企業にとっても、ロジスティクスのアウトソーシングを受託する3PL は魅力的である。荷主企業のロジスティクス・ニーズは高度化し、汎用的なサービスでは応えられなくなっていた。3PL は、総合物流と同じくロジスティクス・サービスを提供するが、荷主との長期契約により荷主専用のロジスティクス・システムを構築する。

　事業法によって3PL が規定されているわけではないため、様々な基準を設定して3PL の事業規模等が推定されている。ロジビズ（2020）によれば、2018年度の事業規模（対象45社の3PL 売上高合計値）は、3 兆円を上回った。調査を開始した2006年の 1 兆1,238億円から右肩上がりで成長を続けている。3PL 売上高トップを日立物流が占めており、センコーグループホールディングス、日本通運が続いている。ヤマトホールディングス、SG ホールディングスも3PLに取り組んでおり、多くの大手物流事業者が3PL に取り組んでいる。

1.4　荷主企業との関係からみた物流産業組織

1.4.1　物流事業者と顧客（荷主）との企業間関係

　前節で物流事業者と顧客との関係を軸に物流産業を区分したように、物流産業組織には物流事業者のみならず顧客である荷主企業が

大きく係わっている。荷主企業は、物流サービスを短期的な市場取引で調達することも、社内のロジスティクス組織で自家生産することもできる。さらに両者の中間的な形態として、物流事業者との長期継続取引や、物流子会社の設立も選択できる。

　輸配送、保管等のオペレーショナルな物流サービスについては、市場取引とする場合がほとんどである。しかし、ロジスティクス・サービスでどの企業間関係を選ぶかは、荷主企業の経営戦略と係わり個別性が強いものの、大きな傾向がみられる。

　それは、内部取引や資本的関係のある物流子会社から、3PLとの継続取引への移行である。さらに最近では、総合物流事業者によるプラットフォームを共同利用するケースが増えている。その一方、一部の荷主企業はロジスティクスで差異化するため、内部ロジスティクス組織を強化する逆方向の動きをみせている。

表1.3　物流企業と顧客（荷主）との企業間関係

企業間関係	内部取引	資本的関係	人的関係	契約関係	契約関係	市場取引
	組織内部	株式保有	役員派遣	長期契約	中期契約	短期契約
荷主企業	社内ロジスティクス組織	物流管理部門		ロジスティクス管理部門	ロジスティクス管理部門(複数社)	荷主、物流子会社、物流事業者等
物流企業	一部オペレーション業務	物流子会社		3PL	総合物流事業者	物流業者
企業関係図	荷主社内ロジスティクス組織／オペレーショナルな業務の一部を市場取引／物流業者	物流管理部門／資本的、人的関係／物流子会社／オペレーショナルな業務を市場取引／物流業者　物流業者		ロジスティクス管理部門／長期計画／3PL／市場取引／物流業者　物流業者	ロジ管部門　ロジ管部門／中期計画／総合物流事業者等／市場取引／物流業者　物流業者	荷主企業／市場取引／物流業者　物流業者

1.4.2　基本的物流サービスの市場取引

　輸配送や保管等の基本的な物流サービスでは、混載や平準化等の面で効率性に優れた営業用サービスを市場取引で調達する傾向が強い。自社ロジスティクス体制により専用物流センターを整備している荷主企業であっても、輸配送についてはトラック運送事業者を利用することが一般的である。最近では、長距離や一般的な貨物の場合には自営転換が進み、自家用トラックを利用するのは営業と同時に荷物を届けたり、専用機器が必要な特殊荷物等の輸配送に限られつつある[11]。

　荷主企業のみならず、物流事業者も備車、下請けとしてトラック運送事業者や倉庫業者を利用している。膨大な零細事業者の参入により競争が激化して運賃が低下し、実運送の採算性は低下している。物流事業者のなかには自社で実運送するよりも、利用運送事業を兼業して備車した方が効率的と考えるものも増えている。トラック運送事業では長年に渡り、多重下請け構造に起因する問題が指摘されている[12]。

1.4.3　自社ロジスティクス体制

　もともと荷主企業における物流は「企業物流」と呼ばれ、各企業の個別性が強く、荷主自ら物流システムを構築し運営する傾向が強い。内部組織とすることにより、調達、製造、販売等の部門間連携

---

(11)　トラック輸送における営業用分担率（トンベース）は、1990年度の39%から2019年度の70%に上昇している。『数字でみる物流』2021年
(12)　嶋本・魏（2014）は、多重下請け構造は、仲介手数料搾取、下請が収受する運賃低下、経営圧迫、事業者安全意識の低下、長時間運転、そして危険運転へ波及すると指摘している。

を強化し、全社最適のロジスティクス体制を構築することができる。

　物流子会社や3PLとの長期継続取引に移行する傾向が広がっているものの、原材料、建材、冷凍食品等、物流コスト比率が高く物流資産の特殊性が強い産業では、内部ロジスティクス組織が一般的である。

　最近では、ネット通販やアパレル等の業界で、ロジスティクスを競争優位の源泉として重視し、ロジスティクスの内製化を進める企業が増えている。その代表事例として、アマゾン、ファーストリテイリング、ニトリ、しまむら等が挙げられよう。これらの企業は、巨大な物流センターや自動化機器等に巨額の投資を続け、最新技術を導入した最先端のロジスティクス・システムを導入している。

　なかでもアマゾンは、フルフィルメントセンターにロボット（AGV）を多数導入して自動化を進め、輸配送でクラウドソーシングにより軽トラック事業者を組織化するなど、革新的なロジスティクス体制の構築を進めている。出品者にフルフィルメント・サービスを外販したり、米国では一般荷主企業にまで急送サービスを提供するなど、ロジスティクス・サービスの外販を拡大しており、アマゾンは強力なロジスティクス事業者と見なすこともできるようになった。

1.4.4　物流子会社の変化

　物流子会社は、荷主企業と資本的、人的関係が深い。荷主企業との関係は、内部取引と市場取引の中間的な企業間関係である。物流子会社は、内部組織と比べ自社物流に関わる責任や費用を明確化することができる。市場取引と比べると、密接な企業間関係を活かし

て特殊性の強い専用物流施設に投資し、運営能力を蓄積し強化することができる。

　さらに物流子会社は、内部組織では困難な物流サービスの外販が可能である。アルプス物流やホームロジスティクスは、親会社向けに培った高度なロジスティクス・サービスを業界内他社等に外販している。日立物流のように独立性を高め、独立した3PL事業者として捉えた方が良い場合もある。

　近年、選択と集中の視点から、物流子会社のあり方を見直す企業も多い。一方、3PLに取り組む物流事業者にとって、産業固有の物流設備や能力を蓄積した物流子会社は魅力的である。日立物流や日本通運、SBSホールディングス等は、有力物流子会社の買収を続けており、産業別ロジスティクス・プラットフォーム構築を競い合っている。

1.4.5　3PLとの長期契約

　荷主企業の全体的な動向をみると、経営資源を中核事業に集中し、ロジスティクスをアウトソーシングする傾向が強い。物流子会社が元請業者として受託するケースが多いが、物流子会社の見直しとともに3PLがその役割を担うようになってきた。

　3PLは荷主の立場に立って、荷主専用の物流センターや情報システム、物流機器等に投資する。このため、減価償却期間や安定した運営を考慮して、荷主企業と長期契約を結んでいる。

　荷主企業は、契約時の調査・交渉費用だけでなく、契約後にKPI（主要経営指標）等を監視する等の取引費用を負担する必要がある。3PL導入初期には、プロジェクトが失敗した事例が少なからずみられるなど不確実性も高かった。しかし3PL事業の定着とともに、取引費用や不確実性が低下しており、3PLにアウトソーシン

グする荷主企業が増えている。

　なかでもサプライチェーンを主導する荷主企業が、多くのサプライヤーからの調達や、多くの顧客への販売におけるロジスティクスにおいて、3PL と契約を結ぶケースが散見される。例えば、自動車産業や家電産業での部品調達では、組立メーカーが3PL と連携してミルクラン調達や VMI（Vendor Managed Inventory）倉庫の運営を行っており、在庫管理や JIT（Just in Time）物流、順序納品等の高度な調達物流を展開している[13]。コンビニ、スーパー等のチェーン小売業の店舗納品物流でも、小売店や卸売業者と3PL との契約により、物流センターの運営、在庫管理、カテゴリー別一括納品等が行われている[14]。このようなサービスは、サプライチェーン・ロジスティクスと呼ぶこともできよう。

1.4.6　プラットフォーム・サービス

　3PL では自社専用のロジスティクス体制が整備できるものの、長期間の契約に縛られ固定費用も発生する。またベースカーゴ量が多い大手荷主企業でなければ、費用面でも効果面でも3PL との継続的取引は難しい。中小企業や大手企業でも一時的利用の場合には、短期契約によりロジスティクス・サービスを調達するニーズがある。

　3PL は、荷主業界に共通するニーズに対応したプラットフォームを構築し、中短期契約でロジスティクス・サービスを提供する事

（13）　家電の物流センターについては、メーカーの場合には物流子会社、量販店の場合には3PL に委託することが一般的である。野村総合研究所（2017a）12頁参照。

（14）　専用センターの運営は小売りが自ら行うケースは少なく、3PL や運送事業者、食品卸に委託をする場合が多い。野村総合研究所（2017b）21頁参照。

業を展開している。日立物流では、ネット通販や化粧品、医薬品等の特定業界向けにプラットフォーム・センターを整備し、複数荷主企業による物流設備、情報システム、労働力を共同利用するサービスを拡大している。EC 物流向けシェアリング自動倉庫では、初期費用ゼロ、固定費ゼロで従量課金型を採用している[15]。

　このようなプラットフォーム・サービスは、3PL と比べ市場取引に近く、多くの荷主企業が利用することができる。物流サービスで差異化することはできなくなるが、業界レベルで共同化を進めることによって 1 社では達成困難な効率化が実現できる可能性がある。

1.5　新たなロジスティクス組織の実現

　製造業等と比べて、道路等の公共空間を利用してサービスを提供する物流産業では、資本装備率を高めて労働生産性を向上させることは現状では制約が大きい。物流センターや倉庫内での荷役作業を機械化、自動化する動きが加速しているが、輸配送分野では自動運転等の導入までの道のりはまだ遠い。

　そこで期待されているのが、広義のイノベーションである。市場支配力の強い大規模企業がイノベーションを遂行するといわれているが[16]、近年の物流産業組織をみると業態型サービス市場では大

---

(15)　日立物流の EC 物流特設サイト参照。https://www.hitachi-transportsystem. com/jp/swh/

(16)　イノベーションの遂行者である企業者（entrepreneur）に関するシュンペーター仮説（①規模が大きい企業ほどイノベーションが活発、②製品市場において独占的地位の高い企業ほどイノベーションが活発）に基づく。多くの実証研究が行われているものの、結論はまだ出ていないようである。物流産業を対象とした実証研究は見当たらない。

手物流企業の活躍が顕著になっている。

　イノベーションは、しばしば「技術革新」と訳されるが、新技術導入による革新のみならず、新たな生産方法や資源と労働力の新たな組み合わせなど幅広い革新が含まれる[17]。宅配便は当初、新たなサービス、新たな生産方法（ハブアンドスポーク）、新たな販路（消費者）でイノベーションをもたらした。最近では、さらに新たな販路としてネット通販を開拓している。総合物流は、新たなサービス、新たな生産方法（プラットフォーム等）、新たな販路（特定産業）を導入している。3PLは、新たなサービスと新たな販路（特定顧客）を開拓している。

　物流産業を荷主の企業物流を含めて捉えた場合、3PLは企業物流を一部取り込むようになった。3PLは、荷主企業のロジスティクス・アウトソーシングを受託し、サプライチェーン・ロジスティクスを展開している。総合物流事業者は、複数荷主企業のロジスティクス・ニーズに対し、プラットフォーム・サービスを提供している。このようにロジスティクスの一部を荷主から物流事業者へ移管する動きは、新たなロジスティクス組織の実現と評価することができよう。

　サプライチェーン・ロジスティクスでは多くのサプライヤーからの調達物流を束ねること等により、プラットフォーム・サービスでは多くの利用者が共同利用することにより、ロジスティクスの効率

---

(17)　シュムペーターは、イノベーション（当初は新結合と呼称）として①新しい財貨の生産、②新しい生産方法の導入、③新しい販路の開拓、④原料・半製品の新しい供給源の獲得、⑤新しい組織の実現を挙げている。根井（2013）。原典はJ・A・シュムペーター（1977）『経済発展の理論』上巻、塩野谷祐一・中山伊知郎・東畑精一訳、岩波文庫。これらは①プロダクト・イノベーション、②プロセス・イノベーション、③マーケット・イノベーション、④サプライチェーン・イノベーション、⑤オーガニゼーション・イノベーションとも呼ばれる。

と効果を高めることができる。サプライチェーンとプラットフォームを活用する荷主企業が増加すれば、産業全体でロジスティクスを最適化することも可能になるかもしれない。

　一方、ロジスティクスを競争優位の手段とする企業は、社内ロジスティクス体制の強化を続けている。ネット通販業界にみられるように、内部ロジスティクス体制を急速に高度化・拡大し、物流事業者のようにサービスを外販する事例もみられる。このような動きは、物流産業に大きな影響を及ぼし始めており、注目する必要がある。

参考文献

青木昌彦、伊丹啓介（1985）『企業の経済学』岩波書店

齊藤実（1999）『アメリカ物流改革の構造―トラック輸送産業の規制緩和』白桃書房

嶋本宏征・魏鍾振（2014）「日韓のトラック運送産業の特徴と安全制度の比較考察―多重下請構造に着目して―」『運輸政策研究』16巻4号

中田信哉、長峰太郎（1999）『物流戦略の実際（第2版）』日経文庫

根井雅弘（2013）『シュンペーター』講談社学術文庫

野村総合研究所（2017a）『荷主業界ごとの商慣行・商慣習や物流効率化の取組状況の調査報告書〜家電〜』

野村総合研究所（2017b）『荷主業界ごとの商慣行・商慣習や物流効率化の取組状況の調査報告書〜食品・日用品編〜』

林克彦（2020）「物流産業組織の革新」『物流問題研究』No.69

山野辺義方・河野専一（1986）『陸運業経営の基礎―物流戦略の新展開』白桃書房

ロジビズ（2020）『特集3PL白書』2020年9月

Mangan, John, Lalwani, C., Butcher, T, and Javadpour, R.（2012）, *Global Logistics & Supply Chain Management Second ed.,* Wiley.

第 2 章

トラック運送事業における労働力不足と労働生産性

2.1 「物流生産性革命」の提唱

　物流産業では、運転者を中心とする労働力不足が大きな課題となり、物流危機と呼ばれる状況になって久しい。これまでも、高度成長期やバブル経済期に荷動きが拡大すると運転者不足が問題となってきたが、今回は少子高齢化が進み労働力不足が慢性化するなかで生じており、解決は容易ではない。

　実際、コロナ禍で全産業の労働力需給が緩んでいるものの、運転者を十分に確保することは容易ではない。限られた労働力を前提として労働生産性をいかに向上させるかが、重要な課題となっている。

　経済社会のインフラである物流の危機に直面し、政府も物流産業の労働生産性向上を重要課題として取り上げている。国土交通省は経済産業省等と連携して「物流生産性革命」に取り組んでいる。官民挙げての物流革命により、将来的に物流産業の付加価値労働生産性を全産業平均まで引き上げることを目標としている。

　物流危機のなかで、物流生産性革命は起きるのであろうか。本章では、物流産業の中心であり、もっとも労働集約性の高いトラック運送事業に焦点を当て、輸送需要、賃金・労働時間短縮等の労働条件、運賃水準、輸送効率の動向等を把握したうえで、労働生産性の向上が捗々しくない理由を探る。そのうえで物流生産性革命を起こすには、個別事業者の生産性向上策だけでは限界があり、トラック輸送産業をあげて輸送プラットフォームを構築していく必要があることを述べる。

2.2　労働力不足の深刻化とその影響

2.2.1　トラック輸送量の推移

　トラック輸送は、国内貨物輸送量（トンキロベース）の半分以上を占める代表的輸送機関である。トラック輸送量は、かつては経済活動と連動しており、実質 GDP との相関が高かった。バブル崩壊後から自動車輸送統計の調査・集計方法が変更されるまで（1994〜2009年度）について、相関係数を計算すると0.97と極めて高い。

　2012〜2019年度以降についてみると[1]、実質 GDP が増加傾向にあるのに対し、トラック輸送量は横ばい傾向が続いた。2020年度には、コロナ禍で実質 GDP は -4.5％、トラック輸送量は -15.1％となった。

　経済が成長しても輸送量が減少することは、労働力不足だけでなく環境問題への対応においても有効である。しかし、トンキロ統計は輸送した貨物の質量と距離しか反映しておらず、空車や満車でない非効率な輸送などを把握することはできない。そこで次に、そのような効率性を映す統計をみてみる。

（1）　2010年10月に、自家用軽自動車を調査対象から外すなど調査・集計方法が変更された。さらに2011年3月11日の東日本大震災のため、同年3月と4月の北海道運輸局及び東北運輸局管内の数値は調査対象となっていない。2020年度には、調査票記入の負担軽減のためさらに調査方法が変更され、それ以前の調査結果と連続しなくなった。2011年度から2019年度の数字は、接続係数を乗じて2020年度調査と接続させたものである。

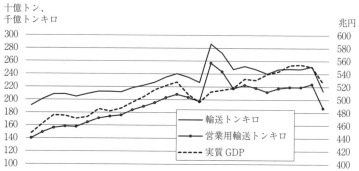

注：調査方法が異なるため、2010年度までと、それ以降の輸送量は接続していない。
資料：『自動車輸送統計年報』、『国民経済計算年報』

図2.1　実質 GDP（2015年基準）とトラック輸送量の推移

2.2.2　トラック輸送効率の低下

　運転者不足に対応するうえで、運転するトラックの輸送能力を最大限に利用することが求められる。自動車輸送統計により、営業用普通トラックの稼働率、実車率、積載効率の推移をみると、十分に輸送力が活用されていないことがわかる。

　トラックの稼働状況を示す実働率[2]をみると、長期的に低下傾向にあり、2020年度は60％を下回った。実車率[3]は、2016年度を底に上昇傾向を見せていたが、2020年度は急落した。

（2）　実在延日車（登録自動車が調査期間中に延日数にして何両あったかを表したもの）に対する実働延日車（調査期間中に実働車が延日数にして何両あったかを表したもの）の比率。

（3）　実車キロ（自動車が実際に貨物を載せて走った距離）を走行キロ（自動車が走った距離をキロメートルで表したもの）で除した数値

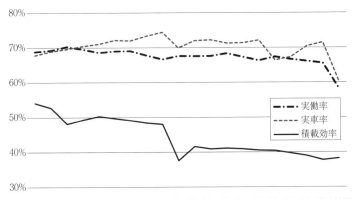

注：実働率＝実働延日車÷実在延日車、実車率＝実車キロ÷走行キロ、積載効率＝輸送トンキロ
　　÷輸送能力トンキロ
資料：『自動車輸送統計年報』

図2.2　営業用普通トラック輸送効率化指標の推移

　積載効率[4]は、トラックの輸送能力をどれだけ有効に利用しているかを示す重要指標であり、国土交通省の物流生産性革命では2020年度に50％を達成することを目標として掲げた。しかしながら、積載効率の改善傾向は見られず最近は40％を下回っており、目標は達成できなかった（図2.2）。

　積載効率の低下は、多頻度小口化や迅速な輸送に対するニーズの高まりによって生じている。荷主からの出荷情報が直前まで分からないことも多く、トラック運送事業者の運行管理者は積載効率を重視した配車計画を立てにくい状況にある。

（4）　トラックの輸送能力を表す能力トンキロに対する輸送トンキロの比率で計算される。能力トンキロは、トラック走行時常に最大積載量の貨物を輸送した場合の輸送能力（トンキロ）で表される。

2.2.3　トラック運送事業の労働力

　2020年度におけるトラック運送事業の就業者数をみると194万人であり、そのうち運転職が85万人である。近年、就業者数に大きな変化はなく、労働力確保が難しい運転職の就業者数もほぼ横ばいで推移している。なお、就業者のほとんどは男性である。

　トラック運送事業の労働時間をみると、働き方改革が必要とされるなか、ほとんど短縮されていない。2020年度のトラック運転者の月間労働時間はコロナ禍で若干減少したものの、206.2時間となっている。トラック運送業の全職種平均でも182.4時間となっており、全産業平均の150.3時間を大きく上回っている（表2.1）。

　1週間の法定労働時間40時間を前提とすると、月間労働時間は173.8時間が上限となる。トラック運送事業では、全職種平均でこれを上回っており、運転職では30時間以上も上回っている。多くの事業者で、時間外労働協定（36協定）を結ぶことが必要な状況にある。

　働き方改革の一環として労働基準法が改正され、トラック運送事業者はさらに対応を迫られている。大企業は2019年度から、中小企業は2020年度から、時間外労働の上限規制が原則として月45時間、年360時間となった。臨時的な特別の事情があり労使が合意しても、月100時間、年720時間等の基準を越えることはできなくなった。

　この改正基準をトラック運送事業へ一律に適用することは困難と判断され、2024年度まで猶予された。トラック運送業界では、改正基準への対応は2024年問題と呼ばれるほど大きな課題となっている[5]。

（5）　全日本トラック協会は2018年「トラック運送業界の働き方改革実現に向けたアクションプラン」を策定し、期限内に全事業者が基準を達成することを目標として設定した。

表2.1　トラック運送事業の就業者数と平均月間就業時間の推移

年度	トラック運送業就業者数（万人）				月間就業時間（時間）		
	全職業		運転者		全産業平均	トラック運送業全職種	トラック運送業運転職
	計	男	計	男			
2016	187	153	83	81	160.5	196.6	218.8
2017	191	155	84	82	159.8	195.1	218.0
2018	193	155	86	84	157.8	194.0	218.0
2019	196	156	87	84	155.2	187.6	212.7
2020	194	155	85	82	150.3	182.4	206.2

資料：総務省『労働力調査データベース』

2.2.4　労働力不足と就業者の高齢化

　職業安定所の職業別紹介状況をみると、コロナ禍以前では自動車運転職の求人数が増加の一途をたどっているのに対し、求職者数は減少を続けた。その有効求人倍率は 3 倍を超え、全職業の有効求人倍率をはるかに超えていた。

　コロナ禍で労働力需給は一気に緩み、全職業の有効求人倍率は約 1 倍に低下した。しかし自動車運転職についてみると、なおも入職者数が少なく求人倍率は 2 倍前後で推移している（図2.3）。

　前項の通りトラック運送事業者の就業者数はほとんど変化がないが、このような超売り手市場でどのように運転者を確保しているのだろうか。

　トラック運送事業者は、若年運転者の確保が極めて困難になっているため、中高年齢層の従業員の継続的な確保に力を入れている。トラック運送事業就業者の年齢構成をみると、年々高齢化が進んでおり、中高年齢者への依存を高めている（図2.4）。

資料：厚生労働省『一般職業紹介状況』

図2.3　自動車運転職等の有効求人倍率の推移

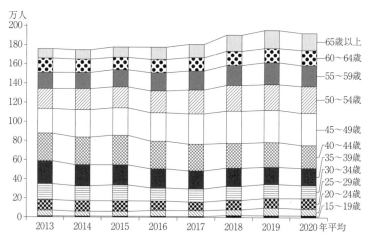

資料：総務省『労働力調査』

図2.4　年齢別トラック運送事業従業員数の推移

2.2.5　緩やかな賃金上昇

　トラック運転者の平均年収（残業代、賞与含む）をみると、2010年代に入ってから上昇に転じている。2012年と比べると、2020年の大型トラック運転者の年収は9.6%、小型で13.2%増えている。

　このような賃金水準の上昇は、労働力需給のひっ迫が反映された結果である。しかし、上昇したといっても、大型トラック運転者の平均年収でさえ全産業平均に届かない（図2.5）。

　トラック運転者の給与体系は、超過勤務代等の所定外給与の占める比率が高い。大型トラック運転者の場合、毎月の現金給与347千円のうち所定内給与は276千円であり、平均35時間の超過勤務により所定外給与71千円を得ている（2020年）。現在の給与体系のままだと、働き方改革による超過勤務時間の削減は収入減に繋がってしま

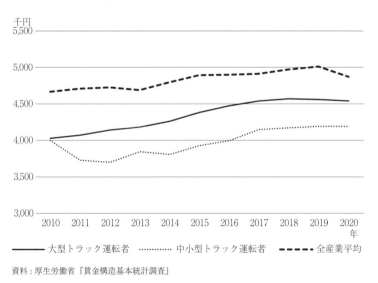

資料：厚生労働省『賃金構造基本統計調査』

図2.5　トラック運転者の平均年収の推移

表2.2 営業用トラック運転者の平均月間労働時間と給与 (2020年)

	所定内実労働時間数（時間）	超過実労働時間数（時間）	きまって支給する現金給与（千円）	内、所定内給与（千円）	年間賞与、その他特別給与額（千円）
大型	176	35	347.4	276.3	368.8
中小型	176	31	317.4	260.2	383.2

資料：厚生労働省『賃金構造基本統計調査』

う。所定内労働時間における生産性を向上させ、残業に依存しない勤務体制を整備することが必要となっている。

2.2.6 運賃水準の上昇

2014年度の消費税引上げ前頃から、運賃水準や付帯作業条件によっては、トラック運送事業者が輸送を断るケースが増えてきた。この頃から輸送需給がタイトになり、運賃水準が上昇し始めた。

日本銀行『企業向けサービス価格指数』をみると、道路貨物輸送サービス価格指数は2013年度末頃から上昇し始めている。とくに宅配便事業者は採算性を重視するようになり、宅配便運賃は高い上昇率を示すようになった。

2017年になると、さらに大幅な運賃値上げを求めるトラック運送事業者の動きが拡大した。宅配便では、27年ぶりに基本運賃が値上げされ、大口契約運賃の見直しが進められた。

コロナ禍で企業間の荷動きが停滞すると、トラック運賃の上昇は止まった。しかし、大きく下落することもなく、ほぼ横ばいで推移している（図2.6）。

トラック運賃指数は、2012年から2020年にかけて約15％上昇している。トラック運送事業者は、運賃値上げによる増収を前項のトラック運転者の賃上げに充当し、労働力を確保しようとしている。しかし、その経営状況は年々厳しさを増している。

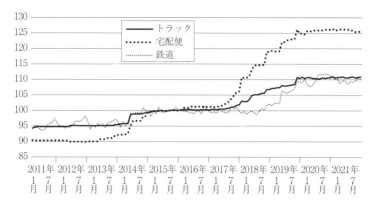

注：需給を反映した価格を捕捉できるよう、原則、調査対象サービス、取引相手先、取引条件などを特定した上で、「実際の取引価格」を継続的に調査している。
　　サービス内容の個別性が強い宅配便では、サービス内容や取引条件を特定した実際の取引において、目安とされる標準的な価格を調査。
資料：日本銀行『企業向けサービス価格指数』

図2.6　企業向け貨物輸送サービス価格指数（2015年基準）

2.3　トラック運送事業の労働生産性

2.3.1　厳しさが増す経営状況

　コロナ禍でも、運転者不足は続き、輸送需要の減少による減収が追い打ちとなり、トラック運送事業は厳しい経営状況が続いている。全日本トラック協会『経営分析報告書』[6]によれば、トラック運送事業者の平均営業利益は、2015年度に主に燃料価格の下落に助けられ黒字に転換した以外は、赤字が続いている。2019年度は、年度末に

（6）　全国のトラック運送事業者から提出された決算内容を分析した報告書。
　　　2019年度の提出者（有効数）は2,387社。

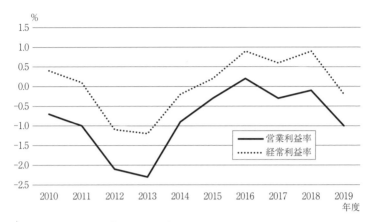

資料：全日本トラック協会『経営分析報告書』

図2.7　トラック運送事業者の営業利益率（％）と経常利益率（％）の推移

かけて新型コロナウイルス感染拡大が影響し始め、赤字が拡大した。

　規模別にトラック輸送事業者の経営実績をみると、2019年度
は、トラック台数100台以下の事業者が赤字を計上しており、規模
が小さいほど厳しい経営状況に陥っている。101台以上のトラック
運送事業者の平均営業利益率も、0.5％に低下した。

2.3.2　費用構成の推移

　一般貨物運送事業の営業収益は、運賃値上げ等により1社平均で
増収傾向にあったが、2019年度は減収となり2億1,823万円となっ
た。一方、営業費用は2億2,040万円となり、営業損益は -219億円
の赤字となった。

　営業費用の推移をみると、運転者給与等の運送人件費が著しい増
加傾向にあり、営業費用の約4割を占めている。一般管理人件費も
増加傾向にあり、両人件費合わせて営業費用の47.2％を占めている。

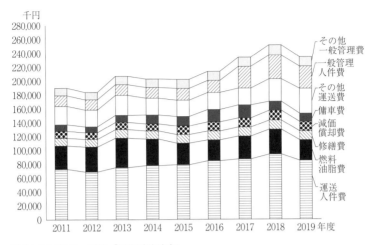

資料：全日本トラック協会『経営分析報告書』

図2.8　トラック運送事業の営業費用の推移（1社平均額）

　自社の輸送力のみでは対応できずに傭車に依存する傾向も高まり、2017年度には傭車費が営業費用の8％を越えるほど高まった。しかし、傭車も難しくなってきたためか、これをピークに傭車費の減少が続いている。

2.3.3　付加価値労働生産性の推移

　労働力不足の深刻化とともに、労働生産性の向上が重要な課題となっている[7]。国土交通省は、労働生産性向上を重要な政策課題として掲げ、2016年に「生産性革命本部」を設けた。労働生産性の目標として、物流3モード事業の労働生産性を2020年度までに2

（7）　労働生産性は、物的生産性と価値的生産性に大別される。ここでは他産業と比較しやすい価値的生産性のうち付加価値生産性を取り扱う。各指標の特徴等については林（2017）参照。

割程度向上させ、将来的に全産業平均並みにすることを掲げた[(8)]。

　トラック運送事業の労働生産性は、どのように変化しているのであろうか。ここでは、トラック運送事業者の財務指標（『全ト協経営分析』）から、加算法により年間付加価値額を試算する。

　分子である付加価値額は、１社当たり平均の人件費、金融費用、租税公課、施設使用料、減価償却費、経常利益の合計値とする。一方、分母の投入量については、１社当たりの平均従業員数に年間平均労働時間を乗じた値とした。年間平均労働時間は、『全ト協経営分析』では不明であるため、厚生労働省『労働力調査』に基づきトラック運送事業者の全職業年間労働時間（表2.1）を用いた。

　その結果、付加価値労働生産性は、2013年度の2,259円／人時から上昇が続いていたが、2019年度には減少し2,669円／人時となった[(9)]（図2.6）。

　付加価値労働生産性の付加価値を分解すると、その大部分（約79％）を人件費が占めている。なかでも運転者の人件費に相当する運送人件費が多くを占めており、この動向が付加価値を左右している。一方、分母の従業員数と労働時間の変化は小さく、労働生産性は運送人件費が大きく影響することが分かる。

　日本生産性本部（2017）によれば、日本の全産業の名目労働生産性は4,828円となり、過去最高を更新した。ここで試算したトラック運送事業者の生産性2,669円／人時は、全産業の生産性の55％に留まっている[(10)]。

（８）　国土交通省試算によれば、トラック輸送の労働生産性は1995年度2,091円／人時をピークに微減傾向にあり、2013年度には1,666円／人時まで低下した。これを2020年度までに2,111円／人時まで高める目標である。なお、労働生産性の試算方法は不明である。

（９）　国土交通省の労働生産性指標とは計算方式が異なるため、水準は比較できないものの、傾向は読み取ることができる。

（10）　さらに米国と比較すると、日本の労働生産性（就業１時間当たり付加価

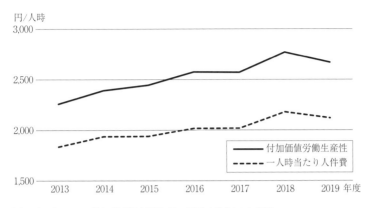

資料：全日本トラック協会『経営分析報告書』、『労働力調査』より計算

図2.9　トラック運送事業の付加価値労働生産性の推移

2.3.4　撤退事業者の増加

　貨物自動車運送事業法の施行により、トラック運送事業への参入規制が免許制から許可制に緩和された。これ以来、参入事業者数は毎年1,000社を超えるほど急増した。しかし、事業者数増加の一方で輸送需要は停滞が続き、トラック運送事業者の経営状況は悪化が続いた。リーマンショックが生じた2008年度にはトラック運送事業からの退出者数が参入者数を上回り、トラック運送事業者数は規制緩和後初めて減少した。その後も退出者数と参入者数は拮抗し、トラック運送事業者数は微減傾向を示している（図2.10）。

　労働力不足が深刻な経営問題となり、荷主がいても運転者が不足して運べない人手不足倒産が生じている[11]。また、トラック運送

　　値額、2015年）は、製造業で67.4%（米国を1として、以下同）、サービス産業で50.7%と低く、サービス業の中でも運輸・郵便は47.7%と一段と低くなっている。滝澤（2018）。

（11）　帝国データバンク『人手不足倒産の動向調査2021年』によれば、2013年

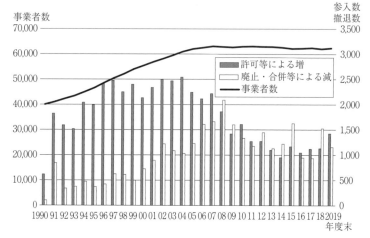

資料：国土交通省

図2.10 トラック輸送事業への参入、撤退、事業者数の推移

事業を継続するうえで、安全対策、環境規制、雇用対策等の様々な費用が上昇していることが退出者増加の要因となっている[12]。このような理由から、経営者が高齢化したトラック運送事業者のなかには、事業継承が進まず、廃業を余儀なくされるものが増えている。

度調査開始以来2019年度まで人手不足倒産は増加傾向が続き、累計でもっとも道路貨物運送業の倒産件数が多かった。コロナ禍で人手不足倒産は減少したが、2022年には再燃する可能性を指摘している。

(12) 大島（2015）は、①安全対策費として、保険料、デジタコ・アルコールチェッカーの導入に係る費用、従業員教育・運行管理の徹底に係る費用等、②環境対策費として、環境規制対応車両への代替費用、省エネ運転機器導入に係る費用等、③労働・雇用対策費用として、社会保険負担、福利厚生費用、労働時間短縮に係る費用等を挙げている。

2.3.5　労働生産性向上のための諸施策

　物流危機以降、労働生産性の向上やトラック運転者の労働条件改善が重要な政策課題として掲げられるようになった。国土交通省では、関連施策を次々と導入している。

　2014年には、トラック運送業における書面化推進ガイドラインを策定し、運送契約の重要事項を書面化し記録・共有することを定めた。2017年には、標準貨物自動車運送約款を改正し、運送の対価である運賃と、附帯するサービスの対価である料金とを区分した。

　これに関連し、貨物自動車運送事業輸送安全規則が改正され、2017年から中大型トラックの場合、荷主都合による30分以上の待機時間を乗務記録に記載することになった。2019年からは、運転者による荷役作業や附帯作業も記載対象となった。このような施策を推進するため、加工食品、建設資材、紙・パルプの分野で、取引環境と長時間労働の改善に向けたガイドラインが策定されている。

　2018年には、貨物自動車運送事業法が改正され、規制の適正化(欠格期間の延長、事業許可の基準の明確化、約款の認可基準の明確化)、事業者が遵守すべき事項の明確化、標準的な運賃の告示制度の導入が行われている。

　国土交通省によれば、2019年 2 月 1 日現在で一般貨物自動車運送事業者の59.4％が自動車運送約款の改正を届け出ている。一方、待機時間や付帯作業の乗務記録への記載や標準的な運賃については、実効性を疑問とする声も多い。

2.4 物流生産性革命に向けて

2.4.1 市場メカニズムの限界

諸統計をみると、一連の施策の効果があったのか、運転者不足の深刻化とともに賃金が上がり運賃も上昇してきた。しかし積載効率は低下を続けており、生産性向上の妨げとなっている。ただし、賃金も運賃も上昇率はわずかで、トラック運送事業者の経営状況は悪化が続いている。トラック運送事業の労働生産性は、改善傾向にあるものの、なおも他産業と比べ低く、物流生産性革命の目標に届いていない。

コロナ禍にあっても運転者不足は依然深刻であるにもかかわらず、輸送需要低迷によって運賃は上がらず、労働時間や給与水準も改善されない。2024年問題が迫るなか、時短に向けた取り組みは待ったなしの状況である。

労働市場では、労働力不足になると価格調整機能が働き、賃金が上昇する[13]。トラック輸送市場では、最大の投入要素である労働力の費用が上がり供給曲線が上方にシフトし、運賃が上昇する。このような理屈通りに、賃金や運賃は推移しているものの、その動きは非常に緩く、物流危機を脱する水準にはまったく届いていない。市場メカニズムだけでは、物流危機を脱却することは困難である。

---

(13) 玄田（2017）は、労働市場で価格調整機能が十分働かない理由を様々なアプローチで探っている。バス運転者の事例では、賃金構造の特殊性等の問題等を指摘している。トラック運送事業では、バス運転者と同様に出来高制の賃金体系を採用する事業者が多い。

2.4.2　トラック運送事業者の対応策

　トラック運送事業のなかでも貸切り輸送は、労働集約的で規模の経済が働きにくい[14]。車両数を増やしても比例的に人件費が増え、労働生産性はそれほど向上しない傾向にある。また荷主企業に付加価値を提供することも、トラック輸送だけでは同質的なサービスとなり差異化することは難しい。

　このため、トラック運送事業者のなかには、特殊車両や特定荷主ニーズへの対応により、他社が参入しにくいニッチ市場を開拓するものもある。またトラック運送事業以外に、利用運送事業や倉庫業を兼業するものも多い。鉄道や内航船へのモーダルシフトに取り組む事業者も増えている。

　トラック輸送に限定した場合、生産性向上のカギは積載効率の向上にある。共同輸配送は、そのための重要な施策として位置付けられている。トラック運送事業者は、商店街や高層ビル等の地域型共同配送で重要な役割を占めている。第 3 章で述べるように、産業別やサプライチェーン型のプラットフォーム構築を進めていくことが求められている。

2.4.3　マッチング・シェアリングの導入

　トラック運送事業者単独で、積載効率を向上させることは限界がある。帰り荷や追い積みの手間と時間を考慮すれば、空車回送した方がむしろ効率がいい場合が多い。とくに保有車両台数が少ない中小トラック運送事業者の場合には、輸送需要と配車をうまく組み合

---

(14)　貸切りトラックでは大きな規模の経済は観測されず、特別積合せトラックでも規制を正当化できるほど大きくはない。山内・竹内（2002）128頁。

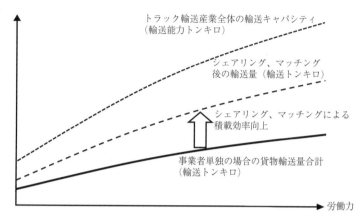

図2.11 シェアリング、マッチングによる積載効率向上

わせることが難しい。

　このことが、輸送キャパシティに対して貨物輸送量が4割以下になっていることの原因になっている。トラック輸送産業全体の輸送キャパシティを効率的に利用するためには、輸送情報を交換して需給マッチングすることにより積載効率を向上させる必要がある（図2.11）。

　トラック運送業界では、従来から日本貨物運送協同組合連合会によるWebKit等の求貨求車情報システムが提供されている。最近では、スタートアップ企業による様々なマッチングサービスが登場している。このようなテクノロジー・プラットフォームを活用し、企業の枠を超えてトラック輸送産業として積載効率を高めていく必要がある[15]。

---

(15)　米国では、DAT Solutions、CONVOY等が、スマホアプリ上でマッチングサービスを提供している。登録台数はそれぞれ150万台、30万台に及ぶ。CONVOYは、空車率を業界平均の35％から19％に低下させた。ただし、両社とも貸切53フィートトレーラーとトラクターを対象としている。各社ホームページ参照。

　輸送効率が低い自家用トラックの輸送キャパシティをシェアリングしていくことも考えられる。運行管理者が選任されている営業用トラック運送事業者が、自家用トラックを利用することによって安全性を担保しながら輸送効率を向上させることも提言されている[(16)]。

2.4.4　輸送プラットフォーム構築の必要性

　トラックの大型化やトレーラー化によって、運転者 1 人当たりの輸送効率を高める取り組みが進められている。トレーラー化や 31 フィートコンテナの利用等は、輸送用具の標準化にも繋がり、マッチングも容易になる。

　運転者の労働条件を改善するため、中継拠点でリレー運行して日帰り運行を拡大する動きが拡大している。全国ネットワークを持つ大手事業者だけでなく、営業地盤が異なる中小企業が連携して取り組む動きもみられるようになった。このような動きを拡大し、トラック輸送産業レベルで中継ネットワークを構築していくことが必要である。

　新技術の活用では、高速道路でのトラックの隊列走行の実用化に向けた実験が進められている。自動運転、配達ロボット、ドローン等の実用化に向けた実験も始まっている。インターネットの概念を物流に応用して、企業や輸送機関の壁を越えて、あらゆる物流ネットワークを接続するフィジカルインターネット（PI）の実用化に向けた動きも始まっている[(17)]。

---

(16)　自家用トラックによる有償運送は道路運送法で禁じられている。経済同友会（2019）は、安全性の担保等を条件に、特定地域等で有償運送を認めることを提言している。

(17)　欧州では、産学官連携の ALICE（Alliance for Logistics Innovation through Collaboration in Europe）が設立され、2030 年 PI 実現に向けたロードマップを策定している。日本では経済産業省と国土交通省が「フィジカルインターネット実現会議」を開催している。

このような動きは、ロジスティクス・プラットフォームの重要基盤である輸送プラットフォームの構築として捉えることができる。輸送プラットフォームには、あらゆる輸送手段が組み込まれるが、当面トラックを代替できる輸送手段は見当たらない。トラック輸送産業は、運転者、トラック、配車、運行管理等の能力を最大限活用できる体制を構築し、輸送プラットフォームを構成する重要な役割を担うことが期待される。

参考文献

大島弘明（2015）「トラックドライバー不足問題の要因と対応について」『ロジスティクスレポート』No.21

小黒由貴子、内野逸勢（2016）「サービス業の生産性が向上しない要因を探る②～高まる物流業の重要性と低迷する生産性～」『大和総研 ESG レポート』

経済同友会（2019）『経済成長と競争力強化に資する物流改革』

玄田有史編（2017）『人手不足なのになぜ賃金が上がらないのか』慶應義塾大学出版会

国土交通省自動車局貨物課（2017）『トラック運送における生産性向上方策に関する手引き』

国土交通省総合政策局物流政策課、総合政策局国際物流課、自動車局貨物課（2018）『宅配事業と国際物流の現状と課題』

国土交通省（2018）『生産性革命プロジェクト 20の具体化状況について』

全日本トラック協会（2021）『経営分析報告書』

全日本トラック協会（2021）『日本のトラック輸送産業』

滝澤美帆（2018）「産業別労働生産性水準の国際比較」『生産性レポート』Vol.7

日本生産性本部（2017）『日本の労働生産性の動向2017年版』

林克彦（2017）「物流産業と物流事業者における生産性向上のための業績評価指標」『流通情報学部紀要』Vol.21、No.2

林克彦（2018）トラック運送事業における労働力不足と労働生産性」『物流問題研究』Vol.67

山内弘隆、竹内健蔵（2002）『交通経済学』有斐閣

McKinnon Alan（2016）, "Performance measurement in freight transport: Its contribution to the design, implementation and monitoring of public policy", *Logistics Development Strategies and Performance Measurement, ITF Roundtable Reports* 158

第 3 章

物流産業におけるプラットフォーム革新

3.1 プラットフォームの重要性

　規制緩和後の物流産業の動向を振り返ると、バブル崩壊後に荷動きが低迷するなか、激しい競争が繰り広げられてきた。2010年代にはいると、運転者不足を起因とする物流危機が深刻化し、さらに最近ではコロナ禍が追い打ちをかけている。

　物流産業では、生産性向上やDX（デジタルトランスフォーメーション）が喫緊の課題となっている。物流に革新（イノベーション）をもたらすと期待されているのが、ロジスティクス・プラットフォーム（LPF）である。

　物流事業者の中には、特定の産業やサプライチェーンに属する企業の物流ニーズに適合したプラットフォーム・サービスを提供するものが増えている。社内に専門部署を設置するに留まらず、スタートアップとの協業により、シェアリングやマッチング、自動化、ロボット化等のDXに取り組むケースが増えている。

　製造業や流通業に視野を広げると、現在のようにプラットフォーム・ビジネスに対する関心が高まる前から、生産、流通、情報等のプラットフォーム構築が進められてきた。荷主事業者のLPFに対する取り組みは様々であるが、輸配送やセンター運営等のオペレーション分野については物流事業者にアウトソーシングを進めてきた。受託側の物流事業者のなかでは、運営能力を蓄積し自らLPFの構築に取り組む事業者が増えている。特定企業向けだけでなく、より幅広く荷主企業の共同利用に供するためのLPF構築が進められている。

　最近では、アマゾンやアリババのようなデジタル・プラットフォーマーが商取引、決済、クラウド等のプラットフォームとともにLPFを作り上げている。各社のフルフィルメント取扱量や荷物

配送量は、大手物流事業者と比肩するほどの規模に成長している。物流事業者にとって、LPF は革新の機会となるだけでなく、脅威となる可能性もある。

　以下では、物流産業におけるプラットフォーム革新について議論する。まず、様々な意味で用いられる LPF について、内部、サプライチェーン、産業、テクノロジーの 4 類型に整理する。次いで、各類型に基いて物流産業と製造業・流通業における LPF の事例を挙げながら、その構造と意義を検討する。最後に、プラットフォーム構築の課題としてモジュール化の前提となる標準化・規格化が必要なことを指摘する。

3.2　物流産業における LPF の類型

3.2.1　荷主企業におけるプラットフォーム

　プラットフォーム（Platform）は、一般的には「駅などで、乗客が乗り降りする 1 段高くなった場所」（広辞苑）をいう。近年は原義が拡大し、多数が共同で利用する基盤を幅広く指し示すようになった。

　ロジスティクスに関連の深い生産分野では、プラットフォームは複数の製品で共通して利用する生産基盤を指している。技術経営（MOT）分野では、①技術プラットフォーム、②製品プラットフォーム、③業界プラットフォームに区分している。①②は主に企業レベル、③は業界レベルの概念である。①は特定分野における基盤技術であり、②は製品構造（アーキテクチャ）を指している。③は技術、部品、ソフトウェア等に係る業界標準と設計コンセプトを指

している[1]。

　経営学では、1980年代に自動車産業とエレクトロニクス産業を対象とした研究でプラットフォームという用語が使われ始めた[2]。当初企業内で多様な製品を効率的に生産するために導入されたプラットフォームは、自動車産業では取引企業で構成されるサプライチェーンに拡大していった。エレクトロニクス産業では、よりオープンに産業内全体にサプライチェーンが拡大していった。

　一方、最近注目を集めているデジタル・プラットフォーマーは、消費者サイドと供給サイドを媒介するプラットフォームを特徴としている。これまでのプラットフォームが製品開発や生産の共通基盤であるのに対し、デジタル・プラットフォーマーは相互作用の場を提供している。

　Gawer（2009）は様々な定義を踏まえて、プラットフォームを①企業内部、②サプライチェーン、③産業内、④マルチサイドの4種類に分類している（表3.1）。①～③の分類は、主にプラットフォームを共通利用する範囲に着目している。④については、範囲は③と同じとなるものの、媒介型プラットフォームとして区別した分類となっている。

　①企業内部プラットフォームは、1企業内におけるプラットフォームを指す。異なる顧客ニーズに低コストで対応できるように、異なる特性を柔軟に付加できるようにした生産体制であり、マスカスタマイゼーションを実現する。

　②サプライチェーン・プラットフォームは、モジュラー型生産方式を取り入れた「製品プラットフォーム」と類似した分類である。多段階のサプライチェーンで構成される自動車産業では、組立メー

（1）　延岡（2006）135-136頁。
（2）　溝下（2017）34-35頁。

表3.1　プラットフォームの類型

類型	①内部プラットフォーム	②サプライチェーン・プラットフォーム	③産業プラットフォーム	④マルチサイド・プラットフォーム
定義	複数の顧客セグメントのニーズに合致するように、特性を付加・代替・除去できる生産体制	内部プラットフォームの概念をサプライチェーンに参加する企業に拡張	補完的製品・サービス・技術を提供するための基盤	サイド間の取引促進に純化
範囲	企業内	サプライチェーン内	産業エコシステム	産業
例	ソニー、HP、ボーイング、ホンダ	自動車（組み立てメーカー主導）	Windows、Linux、インテル、検索エンジン、SNS	EC（マーケットプレイス）、シェアリング

資料：Gawer（2009）、中田（2013）等より作成

カーの主導により、企業内部プラットフォームがサプライチェーンに拡大され、モジュール生産体制が採られている。

　③産業プラットフォームは、「業界プラットフォーム」に近い概念であり、代表例としてコンピュータ産業が挙げられている。そこでは、システムの基盤となるハードウェアやソフトウェアの標準化・規格化が急速に進んだ。Windows や Android 等の OS や検索エンジン等は産業プラットフォームとなり、ユーザー向けアプリ等のサービスを提供するための基盤となった。

　④マルチサイド・プラットフォームは、産業プラットフォームと類似し重複する部分もあるが、マーケットプレイス型のネット通販やシェアリングサービスのように、ユーザー間の取引促進に純化している。デジタル・プラットフォーマーは、この特性を利用して急成長を続けている（第6章参照）。

3.2.2　LPF の分類

　ロジスティクスには、荷主企業における管理（Management）の側面と物流事業者におけるサービス（Service）の側面とがある。集合的

な市場レベルでみれば、前者は需要であり後者は供給である。したがってLPFについても、物流事業者や物流産業における基盤的側面と、荷主企業や産業における生産、流通等の基盤プラットフォームの一部という側面がある。

本稿では、おもに物流事業者の視点からLPFを議論するが、荷主企業の視点も重要である。荷主企業は自社のLPFのオペレーショナルな部分からアウトソーシングを進めており、総合物流事業者や3PLはサプライチェーンLPFや産業LPFに対応したロジスティクス・サービスを提供しているからである。このような視点も考慮して、Gawer（2009）を参考にして以下の分類を用いる（表3.2）。

①物流事業者の内部LPFは、複数の荷主ニーズに合致した物流サービスを効率的に提供する基盤と定義する。その目的は、製造業におけるマスカスタマイゼーションと同様に、低コストで多様な物流サービスを提供することである。LPFでは、パレット、コンテナ等の標準輸送用具の導入や、バーコード、RFID等を利用した情報システム化により、物流効率の向上と柔軟な物流サービスを両立させている。

物流産業は多数の顧客向けに物流サービスを提供しており、この特徴からプラットフォームと呼ばれることがある。物流事業者の内部LPFは、標準化や規格化、情報化を通じて、物流産業全体の内部LPFに拡大しているとみることもできる。さらに社会経済に視野を広げれば、物流産業における生産性向上や環境問題への対応を図っていくことも目的として掲げられる。

②サプライチェーンLPFは、荷主企業のSCMにおけるロジスティクス・ニーズに対して、物流事業者が効率的かつ柔軟に対応するための基盤と定義できる。①と同様に物流効率化が目的となるが、重複在庫の削減等サプライチェーン全体の効率化も重要な目的となる。

表3.2　物流産業における LPF の類型

類型	①内部 LPF	②サプライチェーン LPF	③産業 LPF	④テクノロジー・プラットフォーム
定義	複数の荷主ニーズに合致した物流サービスを効率的に提供する基盤	サプライチェーンにおけるロジスティクス・ニーズに効率的に対応する基盤	特定産業（地域）におけるロジスティクス・ニーズに効率的に対応する基盤	マルチサイド・プラットフォームや自動化・ロボット技術を提供する基盤
範囲	物流事業者内部（物流産業へ拡大）	サプライチェーン内	産業内での非競争領域	マルチサイド（荷主、物流事業者等）、テクノロジー企業
例	標準輸送用具の導入、情報化、機械化等	JIT 物流、一括物流	共同物流・共同配送	マッチング、シェアリング、自動化・ロボット化

資料：Gawer（2009）、中田（2013）等より作成

　サプライチェーン LPF を利用したサービスの例として、自動車産業向けの JIT 物流や流通業向けの一括物流が挙げられる。産業別にサプライチェーンが組まれているため産業 LPF と重複する部分があるが、サプライチェーン LPF では荷主企業の SCM におけるロジスティクス最適化が目的となる。

　③産業 LPF は、特定産業における複数荷主のロジスティクス・ニーズに効率的に対応する基盤である。ただし、Gawer（2009）が例示するコンピュータ産業よりも、物流が重要な役割を果たす家電、日用品、加工食品等の事例が合致する。長い歴史がある商店街や工業団地等における共同物流や共同配送の事例も、この範疇に加えられるだろう。その場合には、特定地域におけるロジスティクスの最適化が目的となる。

　ロジスティクス分野でも、輸配送車両、倉庫等のマッチングサービス、バース予約システム等、マルチサイド・プラットフォームの特徴を持つサービスが導入され始めている。さらに IoT（Internet of Things）、BD（Big Data）、AI（Artificial Intelligence）を活用した高度な物流情報システムやロボティクス技術の導入が加速している。これ

ら④テクノロジー・プラットフォームは、単独のLPFとして、あるいは他のLPFとの組み合わせにより、物流DXをもたらす可能性がある。①～③の類型とは分類基準が異なるが、これからの時代に重要となるLPFの類型である。

なお、この分類は様々な基準に基づいており、①から④に発展していくというものではない。①では、物流事業者と物流産業内部における技術、製品、業界プラットフォームを主な対象としている。②③は、顧客におけるプラットフォームの一部として求められるLPFに対して、物流事業者がどのような種類のLPFを構築するかという分類である。④については、主に物流事業者がどのようにテクノロジー・プラットフォームを技術、製品、業界プラットフォームとして取り込むかという分類である[3]。

3.2.3　機能LPF構築の効果

技術経営では、企業における機能部門とプロジェクトとの関係でプラットフォームが整理されている。この概念に基づけば、物流事業者内部における基盤機能を、異なるニーズを持つ荷主にカスタマイズしたサービスを効率的に提供する仕組みがLPFである。

図3.1に示すように、物流事業者は内部に輸送、保管、情報、流通加工、国際等、様々な機能を有している。特定顧客のニーズに合致した顧客別専用サービスを提供する場合、それぞれの機能を顧客別に固定的に配置してサービスを提供してきた。

しかし、それぞれの機能をモジュール化して機能LPFとして整備すればLPF全体の取扱量が増え、機械化、自動化等により、効

（3）　視点を変えれば、ロジスティクス・サービスを提供するようになったデジタル・プラットフォーマーの内部LPFという側面もある。

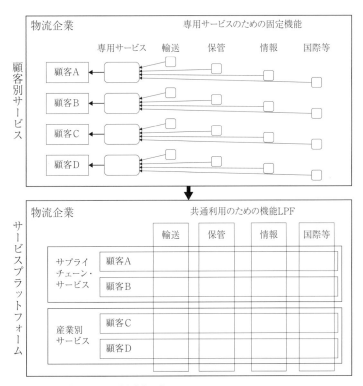

資料：延岡（2006）148頁を物流事業者に適用。

図3.1　顧客別サービスから LPF への転換

率を向上させることができる。産業や地域によって荷主企業に類似のニーズがある場合には、これらを製品（サービス）プラットフォームとして統括しながらサービスを設計、提供した方がより効率的になる。

3.2.4 内部 LPF と他の LPF との関係

　物流事業者内部の LPF は、他の企業との連携により規模を拡大できれば一層効率が高まる。輸送用具や情報システムの標準化・規格化が進めば、物流事業者各社の内部 LPF は業界 LPF として拡大していく可能性がある（図3.2）。そうなれば、貨物の取扱規模の拡

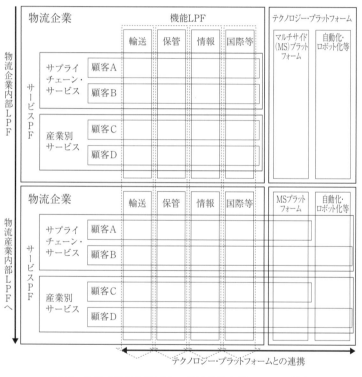

図3.2　物流事業者内部 LPF の物流産業内部 LPF への拡大

大や平準化等により、さらなる物流の効率化が期待される[4]。

　一方、テクノロジー・プラットフォームは、物流事業者の機能 LPF の効率化に役立つ。物流事業者自ら取り組むだけでなく、これらサービスを提供するマテハンメーカーやスタートアップとの連携により、テクノロジー武装を進める動きが加速している。

3.3　物流事業者の内部 LPF の展開

3.3.1　物流サービスのマスカスタマイゼーション

　物流事業者は、荷主ニーズに対応した物流サービスを効率的に提供することが求められている。物流サービスの高度化と効率化は、一般的にトレードオフの関係にある。特定顧客のニーズに対応して専用の物流機器や物流情報システム等を導入すれば、他の顧客への物流サービスで利用できなくなり、全体の物流効率は低下しかねない。

　このトレードオフに対処するためには、物流における規模の経済を活かしながら個別ニーズに対応するマスカスタマイゼーションが必要である。物流事業者は、輸送、保管、荷役、流通加工、情報といった基本機能については、パレット、コンテナ等の標準輸送用具の導入や、物流業界標準の物流機器や情報システムの利用等により、取扱規模を拡大している。一方で顧客ニーズに対応した物流取扱機能を設け、多頻度小口物流や一括物流、流通加工等のプロセスを組み合わせてカスタマイズを図っている。

（4）　コモディティ化した輸送や保管機能については、備車や借庫によって事実上物流業界内に LPF が存在しているという見方もできる。

物流事業者の組織をみると、総合物流事業者では営業企画組織と機能組織とを組み合わせたマトリクス型の組織体制を採るケースが増えている。機能別にトラック輸送や物流センター、情報、フォワーディング等の事業部門とグループ会社とが設けられる一方、企画部門や営業部門は事業部門が提供する機能を組み合わせて、大口顧客や特定産業向けにカスタマイズしたサービスを提案営業している。

　最近の物流事業者の組織改革では、より明確に事業本部と営業本部を分離する動きもみられる[5]。事業本部傘下の物流事業では徹底的な効率化を進め、一方顧客セグメントや特定顧客向けに設けられた営業部では、それぞれのニーズに合わせたロジスティクス・サービスを設計し顧客に提案している。このような組織改革は、物流事業部における効率的な LPF を前提に進められている。

3.3.2　宅配便事業者のLPF

　宅配便を例に、物流事業者の LPF を具体的に検討してみたい。もともと不特定多数の消費者を顧客としていた宅配便事業者は、全国の消費者向けに多段階のハブアンドスポーク型ネットワークを整備してきた。各地の営業所に夕方までに集荷された小型荷物は、深夜ハブ施設に集約され、方面別に仕分けられて幹線輸送される。ハブ施設に到着した荷物は、営業所に中継後、配達される。

　一連のプロセスは、人が持てる範囲の小型荷物を前提に標準化と機械化が進められている。小型荷物はベルトコンベアに載せられて高速で自動仕分けされ、方面別にまとめられた荷物は JIS 規格の

（5）　ヤマト運輸では、機能本部のもとに輸送機能本部、デジタル機能本部、プラットフォーム機能本部が置かれ、リテール事業本部、法人事業本部、EC 事業本部等が置かれている。https://www.kuronekoyamato.co.jp/ytc/corp/corporate/organization.html（2021年12月閲覧）。

ロールボックスパレットに搭載され、そのまま迅速にトラックに積み下ろされる。すべての宅配便にはバーコード付きの送り状が貼られ、貨物追跡や作業の効率化・自動化に利用されている。

消費者向けに構築された宅配便の LPF は、すぐに企業向けにも用いられるようになった。荷量の少ない中小法人には、消費者向けの全国ネットワークや時間指定といった宅配便がそのまま受け入れられた。これらの運賃表が適用される基本的な宅配便サービスは、小売サービスに相当する。

企業向けには、宅配便の基本機能に加えて、配達時の代引き等の決済機能や倉庫・物流センターでの保管、流通加工機能が必要になる。海外との取引がある企業には、国際宅配便やフォワーディング、貿易関連サービスも求められる。大量に出荷する荷主企業には、タリフ料金ではなく柔軟な料金設定が要求される。そこで、このような機能を持つ LPF を整備し、機能の取捨選択により、企業ニーズに合致したサービスを効率的に提供している。

最近では、ネット通販事業者向けのロジスティクス・サービスが重要になっている。ネット通販では、フルフィルメント・サービスが重要なカギとなっており、各社取り組みを強化している。また配達でも、従来よりも簡便で安価なサービスが求められているため、新たに軽トラックを利用した置き配型の配達ネットワークが付加されている。宅配便事業者は、自社開発だけでなく、トラックや倉庫のマルチサイド・プラットフォームやロボット技術を提供するスタートアップとの協業関係を深めている。

宅配便事業者は、消費者向け全国翌日配達ネットワークを確固たる LPF として整備したうえで、決済、フルフィルメント、国際、テクノロジー等の機能 LPF を設け、これらの機能を組み合わせて顧客層別にサービスプラットフォームを設け、企業向け、EC 向けサービスを展開してきたのである（第 4 章参照）。

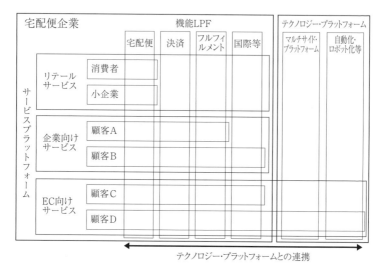

図3.3　宅配便事業者における機能LPFとサービスプラットフォーム

3.3.3　LPFとしてのコンテナリゼーション

　宅配便事業者のLPFは、企業内に留まらず特別積合せ事業への拡大がみられる[6]。商業貨物を中心とする特別積合せ輸送需要は停滞が続いており、幹線輸送を効率化するための共同事業を行っている。

　大手特別積合せ事業者は、ロールボックスパレット単位の輸送サービスとしてJITBOXチャーター便を開発した。営業と集貨配達は各社が行い、共同出資により設立したボックスチャーター社がLPFの役割を担い幹線輸送を行っている。

（6）　貨物自動車運送事業法では、宅配便は特別積合せ貨物運送事業の一部として位置づけられている。宅配便事業者も幹線輸送の共同化に参加している。

　このような共通輸送用具を利用することにより、荷扱い作業が標準化され物流サービスはオープン・モジュラー（組み合わせ）型の特徴を持つようになる[7]。

　コンテナリゼーションは、その典型例である。武石・高梨（2001）は、コンテナリゼーションが①貨物輸送サービスの機能分担を再定義、②積荷作業の簡素化、③標準化による複合輸送の可能性をもたらしたという点で、輸送システムをオープン・モジュラー型に転換したと指摘している。

　この指摘通り、コンテナ船社は激しい競争を続けており、定期海運市場は寡占化が著しい。さらに複合輸送を中心とするコンテナ物流市場が拡大し、船社だけでなくフォワーダーも含めて競争を繰り広げている（第 8 章参照）。

3.4　サプライチェーン LPF の展開

3.4.1　LPF アウトソーシングと物流事業者による LPF 構築

　サプライチェーン・プラットフォームを構成する LPF については、荷主企業が全体最適の視点から構築を進めてきた。しかし、物流センターの運営や輸配送については、物流事業者に委託する場合が多い。

　物流事業者のなかには、サプライチェーン LPF の運営経験を積み重ね、荷主企業の立場からロジスティクス最適化を提案、実行する3PL を展開するようになったものもある。SCM が浸透した自動

（7）　工学分野では、自動車産業における設計思想からプラットフォーム概念が登場した。オープン・モジュラー型は、クローズド・インテグラル（擦り合わせ）型に対極する設計思想である。溝下（2017）参照。

車産業や流通業等では、このようなアウトソーシングの受託から多くを学んだ3PLによるサプライチェーンLPFが展開されるようになった。その経緯を振り返ってみる。

3.4.2 自動車産業のサプライチェーンLPF

3.4.2.1 自動車メーカーのプラットフォーム

自動車組立メーカーは、多様な車種を同じ生産ラインで効率的に組み立てる生産プラットフォームを導入している。部品メーカーとともにサプライチェーンを構築し、約3万点もの部品をJIT（ジャスト・イン・タイム）で調達している。近年は、部品の共通化、標準化が進み、一部ではエンジン、コックピット、アンダーボディ等のモジュール化まで行われている[8]。

自動車産業では、サプライチェーン・プラットフォームのなかでLPFが重要な役割を果たしている。トヨタ生産方式（TPS）では、需要にあわせて生産と調達を連動させ、カンバン方式により、後工程が前工程に必要な部品を必要な量だけ引取ることが原則である。部品調達でも平準化を原則とし、サプライヤーは事前に提示された生産計画に従って部品を生産し、毎月トラックダイヤを組んで定期・定量で指定バースに届けることが求められている（物流費込み価格）。実際のJIT納入は、サプライヤーの物流子会社や契約物流事業者が担ってきた。トヨタ自動車は、サプライヤーに対し、通い箱やパレットの規格化を求めトラック積載率の向上を図っている[9]。

他の自動車メーカーは、物流費と部品価格を分離して自ら部品を引き取る方式に切り替えている。外資との提携関係を深めた日産自

（8） 自動車産業におけるモジュラー化とサプライチェーンの変化については古川澄明（2018）参照。

（9） トヨタ自動車株式会社生産企画本部物流管理部（2017）参照。

動車、三菱自動車工業、マツダは、3PL の元請会社を指定し、集
貨を行わせる引き取り（ミルクラン）方式を採用している。本田技研
工業も、2011年に物流事業者を指定して引き取り方式に切り替え
ることを発表した[10]。物流危機が深刻化するなか、トヨタ自動車
でさえサプライヤー単独では積載率向上に限界があることを理由
に、引き取り方式を本格的に導入すると発表した[11]。

　物流費分離方式が広まるにつれ、引き取り物流や中継地混載、門
前倉庫（組み立て工場周辺の倉庫で部品を保管し必要なタイミングで部品を
配送）等を受託する3PL の役割が高まっている。

3.4.2.2　物流事業者の LPF

　自動車産業の LPF は、組立メーカーの主導により企画、管理さ
れているが、輸配送や物流センター業務は物流事業者に外注するこ
とが一般的である。物流事業者側からみると、貨物量の変動やミル
クラン物流の増加が課題となり、柔軟な備車体制を導入したり、共
同輸送サービスを提案するなど取り組みを深めている[12]。

　物流事業者のなかには、自動車物流のノウハウを蓄積しサプライ
チェーン LPF を構築しているものもある。日本通運は、1990年代
後半から自動車物流を手掛け始め、2020年には自動車メーカー16
社、サプライヤー1,000社以上にサービスを提供している。日本通

（10）　野尻ら（2012）は、本田技研と三菱自動車の調達物流を比較し3PL の役
　　　割を議論している。
（11）　トヨタは、2016年から九州、東北地区で引き取り物流や中継地の集約を
　　　開始した。トラック運転者不足や地球温暖化問題に対応するため、2019年
　　　から東海地区でも引き取り物流を導入し全国展開を進めている。日刊自動
　　　車新聞2019年12月21日。
（12）　ミルクラン導入で利用するトラック台数が減少するため、自動車物流分野
　　　以外の業務に進出するトラック運送事業者もある。野村総合研究所（2017）
　　　参照。

運は、日産自動車の中国展開に合わせ中国でもミルクラン調達を開始し、部品の国際物流も手掛けるようになった。自動車物流の国際的な水平展開を加速し、北米、欧州、インド等で自動車物流サービスを展開している[13]。

自動車物流サービスのためのLPFは、後述の産業LPFの特徴も持つが、基本的にサプライチェーン主導者である自動車メーカーのためのLPFである。自動車メーカーにとってロジスティクスは競争領域であり、まだ共同化事例は限られている。

物流事業者は、自動車物流の能力を活かし各自動車メーカーに専用LPFを提供している。物流センターや情報システム等は基本的に各自動車メーカー専用で運営されており、共用する場合にはファイアーウォールを導入するなど個別企業情報が漏洩しないように工夫されている。

3.4.3　中間流通におけるサプライチェーンLPF

3.4.3.1　卸が担うLPF

メーカーから卸を経由して小売りに至る中間流通は、伝統的に卸売業者が担ってきた。しかし、スーパーマーケット、コンビニ、ドラッグストア等のチェーン小売業者は、自社専用の物流センターを運営するなど、自ら中間流通に関与を深め効率化を図るようになった[14]。

セブンイレブンは、1980年代から加工食品の共同配送を開始し、

---

(13)　日本経済新聞PR版「日本通運　自動車部品」https://ps.nikkei.com/nittsu 2020/vol2.html（2021年12月閲覧）。

(14)　公正取引委員会事務総局（2013）によれば、大手小売業者の95％が物流センターを運営している。小売による物流改革については日債銀総合研究所（1996）参照。

その後常温、チルド、フローズンの温度帯別共同配送に集約化した。窓口問屋が運営する配送センターからカテゴリー納品を行うことにより、物流面では利用トラック台数削減や積載率向上、店舗でも検品や品出し作業の効率化を達成している。セブン＆アイグループは、イトーヨーカ堂向けでも窓口問屋による温度帯別共同配送を導入している[15]。

　温度帯別共同配送は、セブン＆アイグループのサプライチェーン・プラットフォームにおける LPF の役割を果たしている。しかし、共同配送センターは、ベンダー（メーカー、卸）がセンターフィーを支払い、エリア別に指定された窓口問屋により運営されている[16]。窓口問屋は、セブン＆アイグループの物流運営で能力を磨き、他の小売業者向けに温度帯別共同配送や一括物流サービスを提供している。

3.4.3.2　小売と3PL が担う LPF

　イオングループは、自ら中間流通機能を担う方針であり、在庫リスク等を含め自らの責任でロジスティクス全体を管理している。メーカーとの直接取引は商慣行に阻まれ意図したほど進展していないものの、PB（プライベートブランド）商品の開発により流通経路を短縮化している。

　イオンは、物流管理を担う子会社としてイオングローバル SCM を設置し、全国の物流拠点を体系的に整備している。イオンの LPF

---

(15)　セブンイレブンの物流については住田（2013）、窓口問屋制については木島（2014）、配送センター運営の具体例については矢作（1994）参照。
(16)　生鮮品については、当初有力卸がいなかったため自社運営としていたが、ニチレイ（ロジスティクス・ネットワーク）とともにノウハウを蓄積し移管した。その後、スーパーレックス、雪印アクセス（日本アクセス）、湘南物流等にも委託し、競争原理を働かせている。岡山（2002）参照。

は、在庫機能を持つ NDC（低回転商品）と RDC（高回転商品）、店別仕分け機能を持つ XD 等で構成される。その整備と運営は、日立物流、福山通運、日本トランスシティ（トランシィ）、センコー、ニチレイ等の3PL にアウトソーシングしている[17]。

　3PL は、イオンの物流センター運営を受託することにより、中間流通における LPF のノウハウを学ぶことができる[18]。3PL 各社は、それを体系化して他の小売業者向けにアレンジして営業を展開している。例えばセンコーでは、チェーンストア店向け物流ソリューションとして、納品代行システム、流通加工システム、クロスドックシステム、戦略在庫システムを提案している[19]。

3.5　産業 LPF の展開

3.5.1　再注目される物流共同化

　古くから取り組まれてきた物流共同化は、特定産業や地域におけるロジスティクス・ニーズに効率的に対応するための LPF を構築する動きとして捉えることができる。

　日本物流学会は、2008年、2012年、2018年に『物流共同化実態調査報告書』をまとめている。2008年報告書では、238件の事例が紹介されているが、そのほとんどが活動を中止している。

---

(17)　契約期間は、関東、関西の大規模施設で20年に及び、3PL の投資額は100億円に達する。「米国モデルは日本に根付くか」ロジビズ2003年3月

(18)　イオン以外の事例として、臼井ら（1999）は、関西スーパーとニチレイ、ミニストップと日立物流、ヤマザキと日本アクセス、ケーヨーとセンコー、大門とバンテック等を紹介している。

(19)　https://www.senko.co.jp/jp/service/solution/category/01/。2021年12月閲覧。

　中小企業流通業務効率化促進法（1992年）等による様々な支援策があったにも関わらず大部分が失敗に終わったことは、物流共同化実現の難しさを物語っている。ところが、物流危機が深刻化するなか、物流共同化に再び注目が集まり始めている。

　2018年報告書では、250の事例が紹介されており、代表的な類型として「個別企業が複数集まり共同化」（全体の45%）、「貨客混載サービスによる共同化」（同19%）、「業務提携・資本提携の結果、共同化」（同15%）が挙げられている。「物流事業者主導により共同化」（同11%）、「協同組合・連合・協議会等を作って共同化」（同6%）、「共同出資による共同物流運営会社等を設立」（同3%）は減少傾向にあった。

　美藤ら（2020）によれば、物流共同化の目的は従来からのコスト削減や効率化に加えて、労働力不足に対応して安定的な物流を維持することに広がっている。他社との業務提携・資本提携により戦略的な共同化が増加しており、地方経済活性化や少子高齢化等社会的な要請に対応した共同化も進んでいると指摘している[20]。

　流通業務の総合化及び効率化の促進に関する法律改正（2016年）により、二以上の者が連携して物流効率化を図る事業に対し支援策が導入されたことも、物流共同化への取り組みを加速させている。改正後2021年7月末まで、同法対象事業として輸配送共同化、輸送網の集約、モーダルシフト等で284件が認定されている。

3.5.2　加工食品産業における LPF 構築

　同一産業内では物流ニーズや貨物特性が似通っており、技術的には LPF を構築しやすい。例えば加工食品メーカーなら、届け先が

---

(20)　美藤ら（2020）参照。

卸やチェーン店の物流センターで共通しており商品の温度管理も同様であるため、輸配送網の集約や物流施設の共同利用が行いやすい。

しかし、これまで荷主企業にとって物流サービスは差異化戦略の重要な手段であり、物流サービスレベルを全社横並びにすることには抵抗があった。物流を通して取引情報が他社に漏れることへの懸念も、物流共同化の大きな壁となっていた。

ところが労働力不足が深刻化し、安定的な物流サービスを維持することが求められる時代になった。手荷役で労働負荷が強く待機時間が長い場合には集荷を拒否するなど、物流事業者が荷主を選ぶことも稀ではなくなった。このため、同一産業内の荷主企業が協力して、産業 LPF を構築する動きがみられるようになった。

加工食品は商品単価が安く物流コスト比率が高いため、手荷役で長時間かけて荷物を積み下ろして積載率を高め物流コストを削減してきた。仕分け、積み替え、検品、格納等の付帯作業や待機時間も長い。物流危機が進むなか、加工食品物流から撤退する物流事業者も増えた。日本加工食品卸協会は、業界挙げての共同物流への取り組みを宣言し、卸同士の連携やサプライチェーン全体での共同物流を推進するとした[21]。

加工食品メーカー 6 社（味の素、カゴメ、ハウス食品、日清オイリオグループ、日清フーズ、Mizkan）は、「競争は商品で、物流は共同で」を掲げ、物流共同化を進めている。2019年共同出資により F-LINE を設立し、伝票統一、外装サイズ・表示の標準化、庭先条件統一、標準 KPI 設定等を図りながら、全国各地で共同物流を展開している。2020年度末の同社事業規模は、従業員1,820名、車両台数535

---

(21) 日本加工食品卸協会物流問題研究会（2017）では、共同物流取組宣言に続き、エリア共同配送計画の策定の手順、さらなる取り組み、参考事例等を紹介している。

台、売上高855億円であり、加工食品物流の LPF で重要な役割を担っている[22]。

　加工食品業界以外でも、ビール、菓子、医薬品等の業界でメーカーを中心に共同物流が行われている。激しい競争を繰り広げている大手コンビニ 3 社も2020年に共同物流実証実験を行うなど、産業 LPF 構築に向けた取り組みが進んでいる。

3.5.3　物流事業者による産業 LPF

　総合物流事業者や3PL は、サプライチェーン LPF を拡大して、特定産業の物流ニーズに合致した産業 LPF を構築し始めている。複数荷主が産業 LPF を共同で利用することにより、単独で専用利用とするよりも効率的な LPF サービスを売り出している。産業 LPF は、高い物流品質が要求され、物流センターやシステムに巨額の投資が必要な産業を中心に開発が進められている。

　ネット通販では、膨大な在庫のなかから注文商品をピッキングし翌日配達することが当たり前になっているが、出店者がそのような物流システムを独自に整備することは困難である。宅配便事業者各社は、最新の自動化機器やロボットを活用した物流センターを整備して在庫管理からピッキング、梱包、翌日配達まで代行する LPF を整備している。出店者は、巨額の投資を行うことなく変動費に近い料金体系で優れた物流サービスを利用することができる。

　医薬品物流では、薬機法（旧薬事法）、GDP（Good Distribution Practice）に基づく厳しい品質管理や、医薬品供給の BCP（事業継続計画）対応が求められている。医薬品専用施設や車両を用いて温度帯管理やセキュリティを厳しく管理できる LPF が必要とされている。電機・

---

(22)　F-LINE ホームページ、https://www.f-line.tokyo.jp/。2021年12月閲覧。

電子部品の物流では、膨大なアイテムの在庫を保管し、必要な部品をJITで納品する必要があるため、VMI（Vendor Managed Inventory）倉庫の運営や多頻度小口物流が求められている。

このような業界特有の荷主ニーズに対応したLPFの構築を、物流事業者は競い合っている。日立物流では、業界別や地域別にITシステム、物流センター、配送網などを標準プラットフォームとして整備し、共同保管、共同配送などのサービスを提供している。共同物流のプラットフォーム活用事例として、メディカル、アパレル、家電を挙げている[23]。

日本通運では、営業体制を個別企業向けに最適化する体制から、産業別にLPFを構築してマーケティングを強化する方向に切り替えた。2015年の組織改正では、輸送機関別の事業部を廃止し陸・海・空の組織統合を実施する一方、自動車産業等の産業別の支店を設けた。メーカー系物流子会社を買収するなどして、医薬品、航空宇宙、医薬品、食品、鉄道、電気電子、自動車、半導体、ファッション＆ライフスタイル等の産業LPFを強化している[24]。

3.6　テクノロジー・プラットフォーム

3.6.1　ロジスティクス分野のマルチサイド・プラットフォーム

ロジスティクス分野では、テクノロジーを活用した様々なシステムやサービスが開発されている（表3.3）。

マルチサイド・プラットフォームの代表例としては、トラックや

---

(23)　https://www.hitachi-transportsystem.com/jp/3pl/joint/。2021年12月閲覧。

(24)　「産業別の物流プラットフォーム構築 日本通運」ダイヤモンドオンライン2018年9月3日

表3.3　ロジスティクス関連テクノロジー・プラットフォーム

分野	マルチサイド・プラットフォーム	自動化、ロボット技術、デジタル化等
物流施設	バース予約システム（MOVO Berth、LogiPull 等） 空きスペースマッチングシステム（Flexe、OpenLogi、souco 等）	自動コンベア、AGV、AGF、AMR デジタルピッキング、GTP、ロボットアーム 自動倉庫（オートストア、棚搬送 AGV） WMS（倉庫管理システム）、WES、WCS バーコード・RFID 利用 IoT、BD、AI 活用による高度化 CPS（Cyber Physical System）
幹線輸送	求車求貨システム（Webkit、トラボックス、トランコム、QTIS、Pickgo 等）	TMS（輸配送管理システム） 隊列走行 自動運転
ラストマイル	軽トラックのシェアリング、マッチング、配送アプリ（アマゾンフレックス、Pickgo、ハコベル等）	置き配、受け取りロッカー 配送ロボット ドローン
国際輸送	デジタルフォワーダー（Shippio、FlexPort、Freightos 等）	貿易プラットフォーム（TradeWaltz、TradeLens、Marco Polo、Bolero 等）

資料：流通研究社（2021）、増田（2020）、KPMG コンサルティング（2020）等より作成

倉庫等の空きスペースと物流需要とのマッチングやシェアリングが挙げられる。従来から多くの求車求貨システムが存在していたが、ドットコムバブル崩壊以降に大部分が消え去った。現在も活躍中のWebkit、トランコム、トラボックス等は、掲示板等でマッチング後に電話等で個別条件を交渉したり、オペレーターが個別の諸条件を勘案してマッチングするなど、手間暇をかけてマッチングしている。

　現在急拡大しているのは、軽トラックを対象としたマッチングやシェアリングである。対象貨物が限定される軽トラックは需給をシステム上でマッチングさせやすく、急増するネット通販荷物のラストマイルを中心にシェアリング・システムが急速に普及し始めている。ネット通販事業者によるアマゾンフレックスだけでなく、Pickgo やハコベル等の独立型プラットフォームがある。後者は、マルチサイド・プラットフォームとしてだけでなく、物流事業者と

連携してその LPF に組み込まれる形でも利用されている。いずれも単なるマッチングに留まらず、ルートを自動計算してスマホでナビゲートしたり、業務管理機能を提供するなど様々なサービス機能を提供している。

　軽トラックと異なり、普通トラックは車両や荷台、輸送貨物等がバラバラであり、コンテナやパレット等の輸送用具の標準化が進んでいないため、前述のとおり人手をかけてマッチングしてきた。ところが Pickgo は、2021年から一般貨物で入札制によるマッチング・システムを導入した。このほかにも AI による自動マッチングに取り組むスタートアップもあり、今後の展開が期待されている。

　米国等では、大型トラックのデジタルマッチングサービスが拡大しているが、その背景にはコンテナやトレーラー等、標準化された車両や輸送用具が普及していることがある。日本でも、車両の大型化を進めながら、標準的な荷台や輸送用具の導入を図る必要がある。

　ドライバーの待機時間削減では、物流センターのトラックバース予約システムが利用されるようになった。Hacobu が提供する MOVO Berth は、トラック運転者や運行管理者がスマートフォンでバースを予約でき待機時間が削減できるほか、トラックの運行状況と作業状況をリアルタイムで共有し最適なバースを割り当てることができる。

3.6.2　ロジスティクス分野の自動化・ロボット化・デジタル化

　労働力不足への対応として、物流センター作業を中心に機械化が進み、自動機器やロボット等の導入が加速している。これらを提供するマテハンメーカーやスタートアップは、従来よりもモジュール化され拡張可能性が高いシステムを提供している。

　物流センター内の搬送では、従来の自動コンベア方式よりも柔軟な AGV（Automatic Guided Vehicle）や AGF（Automatic Guided Forklift）が導入されるようになった。デジタルピッキング・システムでも、AGV が商品棚を作業員まで搬送する GTP（Goods to Person）方式が導入され、作業員が棚を探して歩き回らなくてもよくなった。商品カテゴリーによっては、ロボットアームが商品をピッキングできるようになった。

　これまで自動機器と従業員の作業エリアは明確に区分する必要があり、拡張可能性が低かった。しかし、人間との協働を前提に AMR（Autonomous Mobile Robot）等の自律型ロボットが開発されるようになり、取り扱い規模に応じてより柔軟に処理能力を増強することが可能になった。

　自動倉庫の分野では、これまでメーカー等が自社製品保管用にパレットを前提とした立体自動倉庫を利用してきたが、多様な小型商品には向いていなかった。最近では様々な商品を小型コンテナに入れて保管するオートストア等の自動倉庫が開発され、ネット通販物流等でも利用されるようになった。

　倉庫全体の貨物と作業の管理に利用される WMS（Warehouse Management System）は、独自仕様で開発するよりも汎用ソフトをカスタマイズする方向に変わってきた。自動機器やロボットは、WMS と連動する WCS（Warehouse Control System）により制御されるようになり、従来よりも導入しやすくなってきた。

　貨物の個品管理では、これまでバーコードがおもに利用されてきたが、自動読み取りが可能な RFID（無線自動識別）タグの活用事例が増えている。ファーストリテイリングでは、海外工場で商品に RFID を付け、物流センターでの在庫管理や仕分け作業、店頭での棚管理やレジまで RFID を利用してサプライチェーン全体の最適化を図っている。

3.6.3 物流事業者によるテクノロジー・プラットフォームの活用

大手物流事業者は、自らのLPFの一部としてテクノロジー・プラットフォームを自社開発している。また、この分野のテクノロジーで強みを持つマテハンメーカーやスタートアップと協力し、これらをプラットフォームとして利用することも可能になった。

日立物流は、スマートロジスティクスをソリューションの柱として掲げ、テクノロジーの導入による効率化や省人化を図っている。日立製作所との協力により、AGF、産業用ロボット、棚搬送ロボット（Racrew）、順立機、画像検品装置を開発し、物流現場に導入してきた。その技術力は高く評価されているが、さらに「協創パートナー」とともにイノベーションを追求している。協創パートナーには、大手のマテハンメーカーや情報システム会社に加え、MUJIN、GROUND、SOUCO、Hacobu、LOGILESS等のスタートアップが含まれている。

日本通運は、マテハンメーカーやスタートアップとの連携により、AGFやAGVを国内外の倉庫で導入している。2020年には、ソフトバンクと共同でMeeTruckを設立した。MeeTruckは、物流事業者向け配車支援サービスを提供しており、将来的に物流事業者と荷主企業とのマッチングサービスに発展させる予定である。2021年には、日本電気と「DXによる価値共創」に向けた業務提携契約を締結し、IoTを活用した倉庫オペレーションの効率化・省力化・無人化や、デジタル技術を活用した新事業の創造に取り組むことを発表した[25]。2022年の組織体制改正では、NIPPON EXPRESS Holdings経営戦略本部の経営企画部にDX推進部を設置し、DX、

---

(25) 日本通運ニュースリリース、https://www.nittsu.co.jp/press/2021/20210621-2.html。2021年12月閲覧。

デジタル化推進、先端技術導入に関する業務を所管させている。

　ロボティクスシステムをサブスクリプション・サービスとして提供する RaaS（Robotics as a Service）にも注目が集まっている。プラスオートメーションは、澁澤倉庫や佐川グローバルロジスティクスと RaaS を契約し、ソーティングロボットを提供している[26]。RaaS は定額で短い契約期間でも利用できることから、物流産業におけるロボット技術導入の裾野が拡大していくことが期待される。

3.7　LPF 革新実現の課題

　物流事業者・産業やサプライチェーン、荷主産業内に LPF を構築することは、生産性向上や効果増大に貢献する。小売チェーンや組立メーカーのようにサプライチェーンの主導者が存在する分野では、サプライチェーン LPF の成功事例は増えている。そのアウトソーシングを受注した物流事業者が、他社向けの LPF に横展開することにより、サプライチェーン LPF が多くの業界で拡大している。

　競争企業の協力が必要な産業 LPF については、主導企業が明確でなく、費用分担や企業秘密の秘匿等、実現に向けて多くの課題が存在している。しかし、加工食品業界では物流を非競争領域と位置付けて、業界挙げての物流共同化が進み始めた。物流危機が深刻化し、環境問題への対応が求められるようになっており、他の業界でも物流共同化の機運が高まっている。

　産業 LPF で期待されるのが、第三者として中立的な立場から最

（26）　プラスオートメーションホームページ、https://plus-automation.com/index.html。2021年12月閲覧。

適物流を提案する3PLの役割である。荷主企業の物流子会社を買収するなど産業固有のロジスティクス技術やノウハウを取得することにより、業種・業態別LPFを構築する動きが活発化している。

テクノロジー・プラットフォームについては、大手物流企業でも独自に構築することは難しく、マテハンメーカーやスタートアップ等と協力した取り組みが続けられている。物流事業者のDXでは、外部のテクノロジー企業との協力が大きなカギとなっている。

プラットフォームの特徴は、モジュール化した機能をユーザーのニーズに合わせて再構築し提供することにある。情報化の進展により組織間の情報交換が容易になり、垂直統合しなくてもバーチャルな組織統合でサービスを生産できるようになってきた。このことが、部門や組織を越えたプラットフォーム構築に繋がっている。

しかし、物流機能のモジュール化については、コンテナやパレット等の輸送用具、伝票等の書類、物流情報メッセージ等の標準化が遅れている。このことが、企業間や産業間で連携する際の大きな障壁となっている。物流産業全体の生産性向上や環境問題への対応を図っていくためには、プラットフォームのメリットを最大限活かせるように標準化や規格化を推進していくことが必要である。

参考文献
臼井英彰、内田明美子、内田美千代（1999）『一括物流＆サプライチェーン・ロジスティクスの具体策』経林書房
岡山宏之（2002）「イトーヨーカ堂 一括物流」『ロジビズ』 1号
木島豊希（2014）「大手総合スーパーに学ぶ食品物流の革新」『AFCフォーラム』12月号
公正取引委員会事務総局（2013）『物流センターを利用して行われる取引に関する実態調査報告書』
住田洋二（2013）『セブン・イレブンの物流研究』商業界
武石彰、高梨千賀子（2001）「第6章 海運業のコンテナ化」藤本隆宏、武石彰、青島矢一編『ビジネス・アーキテクチャ』有斐閣

トヨタ自動車株式会社生産企画本部物流管理部（2017）「国内生産部品の調達物流について」経済産業省省エネルギー小委員会資料

中田善啓（2013）『プラットフォーム時代のイノベーション』同文館出版

日債銀総合研究所（1996）『流通が変える物流―小売からみた物流改革』白桃書房

日本加工食品卸協会物流問題研究会（2017）『加工食品卸売業の共同配送推進の手引き』

野尻亘、兼子純、藤原武晴（2012）「JIT の視点からみた自動車部品の中・長距離物流におけるサード・パーティー・ロジスティクスの役割」『地理学評論』Vol. 85、No.1

延岡健太郎（2006）『MOT［技術経営］入門』日本経済新聞社

野村総合研究所（2017）『荷主業界ごとの商慣行・商慣習や物流効率化の取組状況の調査報告書～ 自動車編 ～』

林克彦（2022）「物流産業におけるプラットフォーム革新」『流通情報学部紀要』Vol.26、No.2

古川澄明（2018）『自動車メガ・プラットフォーム戦略』九州大学出版会

増田悦夫（2020）「物流における需給マッチング支援システムの進展の状況と今後」『物流問題研究』No.69

溝下博（2017）「プラットフォーム・ビジネスとビジネスモデルに関する研究レビュー」『広島大学マネジメント研究』18号

美藤信也、藤原廣三、新谷眞瑜、舘林良樹（2020）「2008・2012・2018日本物流学会物流共同化実態調査研究報告書の比較研究」『日本物流学会誌』No.28

矢作敏行（1994）『コンビニエンス・ストア・システムの革新性』日本経済新聞社

流通研究社（2021）『物流 DX ソリューションハンドブック』

KPMG コンサルティング（2020）『貿易データ利活用調査報告書』

Gawer, Annabelle（2009）*Platforms, Markets and Innovation,* Edward Elgar

第 4 章

宅配危機における宅配便の革新

4.1 物流産業のイノベーター

　宅配便は、物流に様々な革新（イノベーション）をもたらしてきた。新たな消費者物流市場を開拓しただけでなく、企業向けの小型貨物急送市場を創出した。ネット通販向けには、新たなネットワークの導入により急増する配送需要に応えてきた。このような宅配便の革新性は、多くの文献で取り上げられてきた[(1)]。

　現代の宅配便は、不特定多数の消費者や企業が利用する小型貨物輸送サービスで機能プラットフォームの役割を果たしている。その一方、巨大化するネット通販事業者が出荷する荷物の占める比率が高まり、不特定多数向けに構築された宅配便ネットワークでは対応が難しくなっている。従来の小型貨物輸送の機能プラットフォームを維持しながら、同時にネット通販事業向けのサービスプラットフォームを構築することが求められている。

　さらに、労働力不足に起因する宅配危機が続くなか、宅配便事業者は働き方改革を進めながら労働生産性を向上させることが求められている[(2)]。コロナ禍では、新たな生活様式を支えるネット通販の利用が加速しており、宅配便にはこれまで以上に重要な役割が期待されている。

　このような状況で、宅配便事業者は、新たな組織体制やネットワークを導入したり、ネット通販事業者との連携を強めたりするなど、革新を続けている。本章では、宅配危機からコロナ禍における宅配便事業者の様々な取り組みに焦点を当て、その革新性を指摘する。

（1）　宅配便の革新性について、齊藤（1991）、中田（1994）、林・根本（2015）
　　　等が論じている。
（2）　日本経済新聞社（2017）は、宅配危機に関する新聞、雑誌記事を編集し
　　　て詳説している。

4.2　ネット通販急成長による宅配便需要の急増

4.2.1　宅配便取扱量急増と寡占化

　1976年に開始された宅配便は急成長を続け、巨大な小口貨物輸送サービスとなった。もともと宅配便は、消費者間（CtoC）の小口輸送サービスとして開発された画期的なサービスであった。消費者だけでなく企業も、便利で迅速な宅配便を産地直送便や伝統的な通信販売等の BtoC で利用するようになった。物流のジャストインタイム化や多頻度小口化とともに、企業間（BtoB）でも利用されるようになった。

　しかし、宅配危機と呼ばれる状況が2013年頃から始まった。ネット通販の急成長により配送需要が急増するなか、労働力不足が顕在化してきた。2020年には、新型コロナウイルス感染症（COVID-19）が蔓延し、ネット通販需要に拍車をかけた。2020年度の宅配便取扱個数は、過去最高の48億個を記録した。

　規模の経済やネットワークの経済が働く宅配便事業では、ヤマト運輸の宅急便、佐川急便の飛脚宅配便、日本郵便のゆうパックによる寡占化が進んでいる。上位 1 社の市場占有率は43.8％、上位 3 社では94.8％に達している。上位 3 社の寡占化に伴い、宅配便事業から撤退する事業者が続き、現在の宅配便事業者数は21便（上位 3 社含む）まで減少している（2020年度）[3]。

（3）　上位 3 社以外の全国ネットワークを持たない事業者は、同一便名で複数事業者が宅配便を提供しているため、事業者数は便数よりも多くなる。例えば 4 位のフクツー宅配便は21社が提供している。これまで宅配便事業者から配送業務を受託していた中小物流事業者が、直接荷主から宅配を請け負おうとする動きも盛んになっている。首都圏では25社が加盟する「ラス

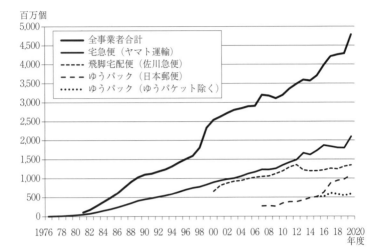

百万個

注：航空等利用運送分を除くトラック輸送のみ。メール便を含まない。
資料：国土交通省調べ及び各社広報資料より作成。

図4.1　宅配便取扱量の推移

　宅配便には、航空輸送を利用した航空宅配便がある。国土が狭い日本ではトラックによる宅配便と比べて市場規模は小さく、2020年度の取扱量は3,350万個に留まる。佐川急便（飛脚航空便）、ヤマト運輸（宅急便）が上位2社を占めるが、そのシェアはそれぞれ19.9%、13.9%である。

　この他、書籍、CD・DVD等、薄型商品を輸送可能なサービスとしてメール便がある。その取扱量は減少が続いており、2020年度取扱量は42億3,870万冊となった。信書の配達ネットワークを活かした日本郵便のゆうメールが77.8%のシェアを占めている。次い

トワンマイル協同組合」が、3,095台の車両を用いて宅配業務を行っている。同社は、コラボデリバリーと提携し、全国配送も手掛けている（日本経済新聞2019年9月11日）。

でヤマト運輸のクロネコ DM 便が19.5％を占め、両者で97.3％となっている。

4.2.2　ネット通販事業者との関係の変化

　最近の各社の宅配便取扱量の増減には、ネット通販事業者との関係が大きく影響している[4]。

　もともとネット通販事業者は、全国どこへでも迅速に配達できる宅配便を利用することにより、販路を拡大してきた。しかし、ネット通販の急成長によって配送量が急増し、宅配便事業者が処理し切れないほどになった。膨大な荷物を出荷するネット通販事業者の交渉力は強く、宅配便事業者との契約運賃が低下し始め、宅配便事業者の経営に影響を及ぼすようになった。

　2013年、佐川急便はアマゾンジャパンとの契約を見直し、収益性重視に転じた。それ以降、飛脚宅配便の取扱量は慎重にコントロールされており、2020年度の取扱量は、ピークの2012年度とほぼ同等の13億4,800万個となっている。

　ヤマト運輸の取扱量は、アマゾンジャパンの配送需要を取り込み、2016年度に18億6,800万個まで増大したた。しかし、折からの労働力不足によって人件費や委託費等が急増し、収益性が低下した。このため2017年、「デリバリー事業の構造改革」を発表し、総量コントロールを開始した。 2 年連続で宅急便取扱量は減少し、2019年度は18億個になった。ところが2020年度には、後述の「EAZY」導入等により輸送力を拡大し、取扱量は過去最高となる20億9,700万個を記録した。

（4）　沼上（2015）は、ネット通販の普及が宅配便業界に及ぼす影響について、経営戦略の分析ツールを用いて分析している。

上位 2 社と比べ、日本郵便はネット通販商品取り込みに力を入れ、小型商品向け「ゆうパケット」を投入するなど取扱量拡大を狙った。2020年度のゆうパケット取扱量は 3 億9,700万個となり、これを含めたゆうパック取扱量は10億9,100万個となった。

大手 3 社の2020年度宅配便取扱量は45億個を超え、対前年度比10.9%増となった。しかし、コロナ禍でネットショッピング平均支出額は20.0%増となっており、宅配便取扱量の伸び率はこの半分程度に留まっている。これは、後述のようにネット通販事業者が、自社配送体制の構築を急速に進めているためである。

4.3 ヤマト運輸における構造改革[5]

4.3.1 宅急便取扱量の急増

宅急便取扱個数は、輸送能力の増強が追い付かないほど増加が続き、2016年度には過去最多となった。ネット通販を中心とする運賃単価の安い企業からの荷物が増えたため、2016年度の運賃単価は559円まで低下し、取扱個数増加は営業収益（売上高）増加にはほとんど寄与しなかった。

一方、取扱能力を増強するため、従業員数を増やし、傭車や外部戦力を拡大した。その結果、人件費や下払経費等が増加し、残業時間に対する一時金も発生した。営業費用の増加は営業収益の伸びを

（5） 2005年純粋持株会社への移行に伴いヤマト運輸からヤマトホールディングスに名称変更されたが、2021年 4 月 1 日、グループ会社を統合し再びヤマト運輸に名称変更された。2020年度まで、宅急便の業績については、ヤマトホールディングスのセグメント情報としてデリバリー事業が公表されてきた。以下の記述は、おもにこのセグメント情報に基づいている。

営業収益、営業利益（十億円）、
取扱個数（百万個）

単価（円／個）

資料：ヤマトグループ連結決算概要補足資料

図4.2　ヤマトホールディングスデリバリー事業の営業実績推移

大幅に上回り、2016年度の営業利益は56億円にまで減少した（図4.2）。

4.3.2　宅急便の構造改革

　2017年度、ヤマトホールディングスは、2019年の創業100周年に向けた中期経営計画「KAIKAKU 2019 for NEXT100」を発表した。その背景には、宅急便需要が想定以上に増加する一方、労働需給の逼迫により人件費が高騰していることがあった。働き方改革を中心に「デリバリー事業の構造改革」が進められることになった[6]。

（6）　ヤマトホールディングスプレスリリース「ヤマトグループ中期経営計画を策定」2017年4月28日。

社員の労働環境の改善では、労働時間の管理をタイムカードに一本化するなど労務管理の改善と徹底が進められた。社員のワークライフバランスの推進のため、昼の休憩時間や午後7時以降はセールスドライバー（SD）への直通電話をサービスセンターに転送するようにした。宅急便のサービスレベルについても、当日再配達の受付時間を20時から19時に1時間繰り上げ、配達指定時間枠の見直しが行われた。

　宅急便の総量コントロールでは、大口顧客に対し繁忙期の出荷調整、まとめ配達、データ連携によるお届け先への事前通知などを要請した。出荷量だけでなく行き先、サイズ、集荷方法や、燃料費の変動などの外部要因を組み込んだ輸配送コストを計算し、それを運賃交渉に用いることも検討した。

　宅急便ネットワーク全体の最適化では、厚木・中部・関西 の3ゲートウェイ（GW）間での幹線多頻度運行を開始した。長大トレーラー導入や24時間稼働により輸送単価を低減するだけでなく、各GW間で往復日帰り運行とすることにより運転者の労働環境改善を図った。大型ターミナルでは、自動ボックスパレット搬送、荷降ろしや仕分けの機械化・自動化を進めた。大型ターミナルで、事前に川下の集配センターの仕分けを行うことにより、センターの作業量を削減した。

　ラストマイルでは、オープン型宅配ロッカーの前倒し導入や、ITを活用した集配作業の高度化が行われた。クロネコメンバーズのサービスを拡充し、配達希望日時や場所の選択肢を拡大し、再配達を削減した。送り状のデジタル化、宅急便センターへの直送や持ち込みなど、配達効率の向上の応じた割引運賃制度を拡充した。

　構造改革を進める一方、2017年には27年ぶりとなる基本運賃の値上げを実施した。その結果、宅急便取扱量は3年連続で微減となったが、収益性は改善し始めた。

　2020年度は、コロナ下でありながらも新体制導入を進め、費用を抑制しながら取扱能力を増強した。宅急便取扱量は、対前年比16.5％増となり、過去最高を記録した。なかでも小型サイズのネコポスは同70.0％増の 2 億9,300万個に急増した。業績も、増収増益を記録した。

4.3.3　小型貨物輸送の基盤プラットフォーム

　ヤマト運輸の宅急便ネットワークは、全国をドアツードアで迅速に結ぶ巨大な小型貨物プラットフォームに拡大している。2020年度末現在で、56,000台のトラック、7,587の事業所を擁し、総人員223,191人（フルタイマーのみ96,829人）を雇用する日本最大規模の物流ネットワークである（表4.1）。

　事業所は 3 つの GW と羽田クロノゲートを中核に、積み替え拠点となる77のベース、中継や集配の役割を果たすセンターから構成され、多段階型のハブアンドスポーク輸送体制が採られている（図4.3）。

　宅急便のネットワークは、輸送品質を第一に設計され、顧客と接する自社 SD が重要な役割を果たしている。CtoC や BtoB では、そのきめ細かなサービスが高く評価されており、消費者満足度調査では常時トップに評価されている。

　一方、ネット通販では、消費者が自分で購入したものを届けてもらうだけである。このため宅急便のサービス品質は、ネット通販では過剰との評価もあった。輸送需要増に対応した自社 SD の大量採用計画も、運転者不足が深刻化するなか達成困難になった。こうして新たなラストマイル構築が、2020年の中長期計画のもとで始まった。

表4.1 ヤマトホールディングスネットワークの概要

	2016年度末	2018年度末	2020年度末
車両台数（台）	50,795	54,193	56,108
大型	2,250	2,522	2,564
中型	1,626	1,690	1,481
小型	36,672	38,400	39,356
軽自動車	4,284	5,523	6,841
その他	5,963	6,058	5,866
事業所数（店）	7,245	7,963	7,587
ベース	75	75	77
センター	6,364	7,963	6,535
取扱店	214,731	194,261	174,454
総人員（人） 　うちフルタイマー	201,784 90,737	225,125 97,587	223,191 96,829
デリバリーのみ 　うちフルタイマー	180,716 75,167	203,141 81,400	201,179 81,084

資料：ヤマトホールディングス決算説明資料より作成

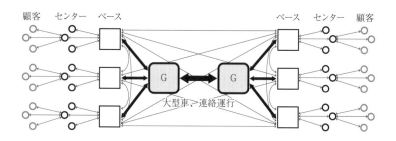

資料：ヤマトホールディングス決算説明資料より作成

図4.3 宅急便の多段階型ハブアンドスポーク・ネットワーク

4.3.4　顧客別サービスプラットフォームの再構築

　2020年 1 月、ヤマトホールディングスは、中長期の経営構造改革プラン「YAMATO NEXT100」を策定した[7]。同プランは、宅急便のデジタルトランスフォーメーション（DX）、EC エコシステムの確立、法人向け物流事業の強化に向けた 3 つの事業構造改革と、グループ経営体制の刷新、データ・ドリブン経営への転換、サステナビリティの取り組みから成る 3 つの基盤構造改革から構成される。コロナ禍により EC 需要が急増するなか、2020年度中に計画に先行してバーチャルにグループの経営資源を再編し始めた。

　2021年 4 月「One ヤマト2023」を策定し、2021年 4 月から新体制に移行した[8]。ヤマトグループ各社は再編され、 4 事業本部と 4 機能本部から成る「新しいヤマト運輸」が誕生した。

　事業部門は、個人・一般法人を顧客とするリテール部門（①リテール事業）と大口法人を顧客とする法人部門とに大別され、後者は② EC 事業、③地域法人事業、④グローバル事業に分かれる。一方、機能本部は、輸送機能本部、デジタル機能本部、プラットフォーム機能本部、プロフェッショナルサービス機能本部から成る。ヤマト運輸の経営資源を機能本部に分割し、それを顧客別に再構成してサービスプラットフォームを提供することになった。

　①リテール事業は、個人や小口法人を対象としたパッケージ型の宅急便サービスを提供する[9]。従来の SD による集配と多段階型ハ

（ 7 ）　ヤマトホールディングスニュースリリース「経営構造改革プラン YAMATO NEXT100を策定」2020年 1 月23日。

（ 8 ）　ヤマトホールディングスニュースリリース「中期経営計画 One ヤマト 2023を策定」2021年 1 月29日。

（ 9 ）　2018年度の宅急便取扱量のうち、47.4％を大口法人が占め、小口法人が45.3％、個人が7.3％となっていた。新体制は、従来の不特定多数向けを前提とした宅急便ネットワークを活かしながら、より大口法人を重視した

ブアンドスポーク・ネットワークを組み合わせて、ユニバーサル・プラットフォームを提供する。

②EC事業は、ネット通販事業者やその出店者、利用者を顧客とし、専用型や共同利用型のプラットフォームを提供する。従来のネットワークを利用しながら、ネット通販事業に特化した新たな配送体制とフルフィルメント・サービスを組み合わせ、ECに特化したサービスを提供する。

③法人事業は、BtoBとBtoBtoCの特定法人顧客を対象としている。宅急便のミドルマイルネットワーク（幹線輸送）と特別積合せ便のネットワークを利用し、物流センター機能を組み合わせて、法人顧客のニーズに応える[10]。

④グローバルSCM事業では、従来のフォワーディング事業を中心に海外ネットワークを活用したグローバルサービスを提供する。国内の宅急便やEC事業と法人事業の経営資源を組み合わせることにより、3PLサービスを展開する。

4.3.5　EC事業における新配達体制

コロナ禍の2020年6月、当初の予定を前倒しして、宅急便の新ブランドとなる「EAZY」を開始した。2021年度以降、EAZYは法人部門EC事業本部で提供されている。EC事業本部における取り組みには、配送のシェアリングや荷主企業・消費者とのデータ連携

ネットワークを付加していくものである。2020年度取扱量の内訳は、リテール部門44.5％、法人部門55.5％となり、法人部門のウェイトが増している。

(10)　ネット通販事業者は、宅配便のラストマイルを多用するが、ミドルネットワークはそれほど利用しない。ネット通販以外の顧客を対象に幹線輸送プラットフォームとして提供することにより、宅配便のミドルネットワークの輸送効率を向上させることができる。

が含まれ、DX を実現したものとなっている。

　従来の自前主義から脱却して、EAZY では貨物軽自動車運送事業者を EAZYCREW として利用するシェアリングが導入されている[11]。ネット通販利用者は、スマホや PC を利用して、対面手渡しだけでなく、置き配（玄関前など）、宅配ボックス、コンビニ等で多様な受け取り方式を選択でき、配達直前まで変更可能である。EAZYCREW の制服は黒を基調とし、緑色の制服を着用する SD と差異化されている。

　開始後わずか 1 年以内で、EAZYCREW 人員数は16,000人（2020年度末）まで増加した。EAZY の取扱個数は 1 億7,883万個となり、宅急便全取扱量の8.5％を占めた。2020年度の宅急便取扱量の増加分の大部分を EAZY が取り扱ったことになる[12]。

　一方、デリバリー事業の人員は2020年度末に対前年比0.8％減少し、201,179人となった。残業時間の減少、有給休暇取得率の向上もあり、労働環境は改善している。

　デリバリー事業の営業費用をみると、ヤマト運輸は配達体制を含め自社主義を貫いてきたため、社員給料等の人件費の占める比率が極めて高い。委託費、傭車費等の下払経費については、幹線輸送が中心でその比率もあまり高くはない。しかし EAZY を導入した2020年度は、人件費の伸び率が3.6％に留まったのに対し、下払経費は11.3％増加している。

　今後も、EAZY を拡大することにより、急増が続くと予想される

---

(11)　EAZYCREW の応募条件は、貨物軽自動車運送事業の届出、車両、スマホ等であるが、実務経験は不問である。https://www.kuronekoyamato.co.jp/ytc/EAZYCREW/guidelines.html。2022年 1 月閲覧。

(12)　EAZY の2020年度第 4 四半期配達個数約9,000万個、EAZYCREW16,000人を照らし合わせると、EAZYCREW1人当たり四半期で5,600個、年間で22,400個程度取り扱ったことになる。

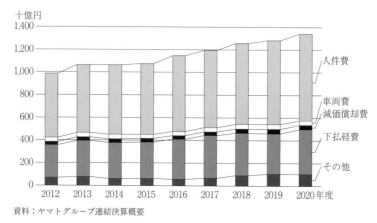

十億円

資料：ヤマトグループ連結決算概要

図4.4　ヤマトグループデリバリー事業営業費用の推移

ネット通販荷物に柔軟に対応していく計画である。ヤマト運輸による2021年度予想数値では、EAZY取扱個数を対前年比124％増の4億個を見込んでいる。

4.3.6　ネット通販事業者・消費者とのデータ連携とDX

ヤマトグループでは、ネット通販事業者や消費者とのデータ連携を進めデジタル化（DX）を進めている。

既に一部のネット通販事業者とは、出荷データを共有しており、BD（ビッグデータ）分析とAIの活用で、輸配送需要と業務量予測の精度を向上し、人員配置・配車・配送ルートの改善を図っている。

消費者とのコミュニケーションでは、会員制のクロネコメンバーズを通じて、直前まで配達方法を変更可能にしている。会員数は2020年度末に5,000万人近くまで増加した。荷物受け取り場所では、従来のコンビニや宅配便営業所、5,500カ所以上のオープン型ロッカーに加えて、クリックアンドコレクト（C＆C）導入店舗が1,000店

以上増えた。

　もともと C&C は、オムニチャネルに取り組む実店舗がオンラインで販売した商品を実店舗で渡す方式である。英国 Doddle Parcel Services が開発した C&C システムを日本で導入することにより、ヤマト運輸はスーパー、ドラッグストア等の契約店舗でネット通販商品を消費者に受け取ってもらうことができる。消費者の受け取りの利便性を高めるだけでなく、提携店舗にとってもついで買いを促すことができる[13]。

　このようなデータ連携により、宅配便の輸配送効率は大きく向上した。2020年度は、緊急事態宣言により在宅率が高かったこともあり、配達効率は大幅に向上し、コストも低減した。今後、ネット通販事業者と販売や予測に関わる情報まで共有を拡大すれば、配達員や作業員の確保と人員配置をより早い段階で正確に行えるようになる。

4.3.7　EC プラットフォームの構築

　新設された EC 事業本部では、オープンな EC プラットフォームの構築を目指している。ヤマト運輸は、Yahoo! ショッピングと PayPay モールを展開するヤフーと業務提携を開始した。さらに、個人間のフリーマーケットを運営するメルカリとも、業務提携している[14]。

　ヤフーを含めほとんどのモールでは出店者が物流業務を手配しており、配送料や配送日時等のサービス水準はバラバラである。消費者からみると、モール全体が統一されておらず満足度が低下する要

---

(13)　ヤマトホールディングスニュースリリース2020年 8 月17日。
(14)　ヤマト運輸ホームページ。https://business.kuronekoyamato.co.jp/case/。
　　2022年 1 月閲覧。

因となっている。モール運営者は、配送サービス水準の向上により顧客満足度を向上させることを目指してきた。出店者側でも、物流業務を低コストでアウトソーシングしたいというニーズが高まっている。

ヤフーとの業務提携では、出品者向けに「フルフィルメント・サービス」と「ピック＆デリバリーサービス」を開始した。前者は、ヤマト運輸の物流拠点で出店者の商品を在庫し、入庫、保管、在庫管理、ピッキング、出庫、配送を代行するサービスである。後者では、出品者の物流拠点でピッキング以降の業務を代行する。

メルカリは、ヤマト運輸との提携により、宛名書きが不要で全国一律送料の「らくらくメルカリ便」を提供している。

ヤフー、メルカリともに、配送では EAZY を活用し、柔軟に届け先や時間を変更することができる。

4.4 佐川急便におけるプラットフォーム戦略[15]

4.4.1 安定的な事業拡大

佐川急便は、もともと商業貨物を取り扱っており、消費者向けの飛脚宅配便を開始したのは1998年と後発だった。飛脚宅配便の顧客は大口顧客の比率が大きく、ネット通販の取込みにも積極的であった。

しかし、契約で運賃を決定する大口顧客の運賃水準の低下が進み採算性が低下したため、佐川急便は他社に先駆けて適正運賃収受に

---

(15)　佐川急便の持株会社である SG ホールディングスは、飛脚宅配便を中心とするデリバリー事業のセグメント情報を「決算説明会資料」等で公表している。以下の記述はおもにこの情報に基づいている。

動き始めた。アマゾンジャパンとの契約を打ち切るなど、数量を追わず採算性重視に転じた。

　その結果、物流危機が深刻化するなかでも、安定的な事業成長を続けている。2013年度以降、取扱個数増大を抑制し、運賃単価が上昇を続けた。営業収益（売上高）は増収を続け、営業費用が増加しても営業収益の伸びを上回ることがなく、増収増益傾向が続いている（図4.5）。

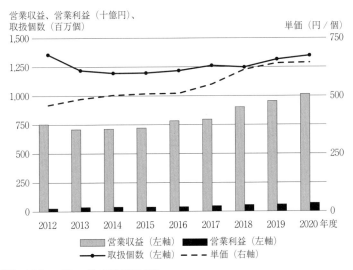

資料：SGホールディングス決算説明会資料

図4.5　SGホールディングスデリバリー事業の営業実績等の推移

4.4.2　基盤プラットフォームの強化

　SG ホールディングスは、中期経営計画（2018-2019：第1ステージ）において、「適正運賃収受を背景に、働き方改革と輸送インフラ強化を推進」「時間外労働時間の短縮、定着率向上、人員増強、輸送品質の安定化を実現」を進めてきた。

　中期経営計画（2020-2021：第2ステージ）では、「進化した物流ソリューションの提供」「経営資源価値最大化による成長基盤の確立」「デジタル化の推進と最新技術の導入」等を目指している。

　両計画の期間中、継続的に輸送基盤の強化が進められた。デリバリー事業の従業員数は契約社員及びパートナー社員等含めて2020年度79,902人に増大した。車両台数は26,673台、事業所数は864に増えた[16]。

　物流ソリューションの提供では、先進的ロジスティクスプロジェクトチーム「GOAL（Go Advanced Logistics）」体制を拡大している。顧客と日々接する SD が物流課題を発見し、チームの専門家がソリューションを提案する。SD の問題発見能力を高め、チームメンバーの増強を図っている。新型コロナウイルスワクチンの輸送では、全国の SG ホールディングスグループの施設を活用し、保管（温度管理）、小分け作業、接種場所への配送を一括して受託し200件以上（2021年4月末）を受託した。

---

(16)　ヤマト運輸と比較すると、宅配便取扱い規模に対する人数、車両数、事業所数は少ない。佐川急便は集配密度が高い法人向けサービスに焦点を合わせて輸送ネットワークを整備している。消費者向けサービス分野では、佐川急便は日本郵便とメール便で提携関係を結んでおり、2021年にはゆうパケットの集荷にまで拡大すると発表した。この他日本郵便とは、保冷荷物や国際荷物の分野で提携を進める。佐川急便ニュースリリース2021年9月10日「佐川急便株式会社と日本郵便株式会社との協業に関する基本合意書の締結」。

表4.2　SG ホールディングスネットワークの概要

	2016年度	2018年度	2020年度
車両台数（台、軽自動車含む）	24,517	26,671	26,673
事業所数（店）	817	833	864
中継センター	23	24	23
営業所	425	427	428
サービスセンター、デリバリーセンター	369	382	413
従業員数（人） 外、契約社員及びパートナー社員等	45,194 40,612	49,260 43,722	52,042 45,753
デリバリー事業従業員数 　外、契約社員及びパートナー社員等	35,241 13,972	38,801 17,219	43,063 36,839

注：車両台数、拠点数は年度末。従業員数は期中平均人員数。
　　2020年度のデリバリー事業従業員数は一部事業区分変更のため前期と比較できない。
資料：SG ホールディングス決算説明資料より作成

　成長基盤の確立では、2020年に次世代型大規模物流センター「X フロンティア」を竣工した。関東 5 カ所の中継センターを集約し、輸送時間短縮と効率化が図られた。トラックバースへの荷物搬送用コンベア整備、高速自動仕分け機器の導入等により、作業負担が軽減された。大型特殊輸送拠点、国際物流拠点、ロジスティクスセンターの機能を併設することにより、物流ソリューションの提供にも利用できる。

4.4.3　外部輸送力の活用

　佐川急便は、経営資源を企業からの物流業務受託の獲得に集中しており、個人宅への配達や幹線輸送の多くを外部の関連運送事業者や契約事業者に委託している。これまで、柔軟に外部輸送力を活用することにより、高い利益を上げてきた。
　しかし深刻な労働力不足によって、外注費は高騰している。佐川急便では、ドライバー不足による外注費高騰や、委託先を十分に確

表4.3　SG ホールディングスデリバリー事業の営業費用（億円）

	2016年度	2018年度	2020年度
営業費用	7,365	8,859	9,860
人件費	2,528	3,045	3,864
外注費	3,665	4,529	4,661
燃料費	90	111	92
減価償却費	177	138	181
その他費用	903	1,035	1,060

注：営業費用は事業間調整前の数値。
資料：SG ホールディングス決算説明資料より作成

保できないことを事業リスクとして挙げている（SG ホールディングス有価証券報告書2019年）。このことが、中期経営計画における輸送基盤の強化に繋がっている。

　佐川急便の営業費用の内訳をみると、輸送基盤の強化に伴う従業員の増強や賃金上昇により、人件費が増大している。しかし、営業費用に占める人件費の比率は高まっているものの、なおも39.1％に留まっている（2020年度）。

　一方、傭車等の外注費はなおも増加傾向にあり、営業費用の47.3％を占めている。ヤマト運輸や一般のトラック運送事業者と比べ、極めて高い水準にある。

4.4.4　デジタル化

　外部輸送力への依存度が大きい佐川急便では、輸送品質を維持し効率を改善するため、デジタル化を進めてきた。

　2020年には、伝票のデジタル化や外部データの活用により、集配順序並べ替えを自動化するシステムを導入した。集配先情報や道路事情等を踏まえ集配ルートを作成し、端末上に地図を表示できるようにした。

東京大学大学院や横須賀市、スタートアップ企業と共同で、AI と電力データ（スマートメーター）を用いた再配達削減実験に取り組んでいる[17]。

2019年には、成長戦略の一環として PI（フィジカルインターネット）に取り組むことを表明した。宅配便のハブ＆スポーク体制を構築する一方で、様々な輸送ネットワークを組み合わせて、最適な物流サービスを提供する。スタートアップ企業との協力により、どの輸送ネットワークで輸送しても個品単位でリアルタイム可視化を可能にし、最適配達を実現するとした[18]。

スタートアップ企業とのアライアンスを拡大するため、「HIKYAKU LABO」を設け、「アクセラレータープログラム」などオープンイノベーションへの取り組みを進めている。

4.4.5　EC プラットフォームの構築

SG ホールディングスは、従来から物流センターとトラックターミナルを直結した複合拠点である佐川流通センター（SRC）を整備してきた。SRC の活用により、物流センターから配送センターへの中継がなくなり、輸送コスト削減、リードタイム短縮、集荷締切り制約の緩和が可能になった。

最近では SRC を発展させ、業種ごとに必要な機能を付け加えたプラットフォーム事業を拡大している。その代表例が EC プラットフォームである。

EC プラットフォームは、ネット通販事業者向けに、ロボティクスを活用した自動倉庫、自動搬送ロボット、梱包機を整備した最新

---

(17)　佐川急便ニュースリリース2021年3月26日「AI活用による不在配送問題の解消」。

(18)　SG ホールディングス2020年3月期決算説明資料。

の共同物流施設である。施設や人員を共同利用し、初期投資なしの従量料金制[19]にすることで、中小事業者でも安く早く最新設備を利用することができる。

荷主企業とのデータ連携でも工夫が施されている。あらかじめSGホールディングスのWMSで読み込めるデータフォーマットを規定し、ネット通販事業者はこのフォーマットで作成したデータを送信する[20]。

4.5　日本郵便におけるゆうパック戦略

4.5.1　ゆうパック取扱量の増加

2007年郵政民営化以降、日本郵便はそれ以前にも増して宅配便取扱を強化しており、ゆうパック取扱量は増加を続けている。なかでも、家庭の郵便受けに投函可能なゆうパケットの取扱量の増加は著しい。

2020年度のゆうパック取扱量は、対前年比11.9％増となる10億9,100万個となった。なかでも、ネット通販需要の多いゆうパケットが対前年16.1％増の4億9,700万個となった。従来のゆうパケット

---

(19)　スペース費用（サイズ別点数日数当たり）、入出荷作業費用（点当たり）、梱包資材費で計算される。最低利用期間無しの1か月単位契約であり、小規模企業でも利用しやすい。大手企業が繁忙期のみ利用することも可能である。http://www.sagawa-logi.com/logistics/3pl/src/index.html。2020年4月には、Xフロンティア内で最新自動機器を導入し「シームレスECプラットフォーム」を開始した。http://www2.sg-hldgs.co.jp/newsrelease/detail/2020/0331_1555.html。

(20)　高槻（2021）27頁。契約後1週間から1か月程度で物流業務開始となるほど、準備期間が短縮された。

は厚さ3cm 以内に限定されていたが、2020年10月に厚さ7cm に拡大したゆうパケットプラスが発売され、取扱個数を伸ばした（表4.4）。

　一方、郵便物の引受数は減少傾向が続いており、2020年度送達数は対前年比 -6.8％の152億通になった。ユニバーサルサービスである信書を含む郵便サービスは、今後も安定的に継続していく必要がある。

表4.4　日本郵便ゆうパック等取扱個数（2020年度）

	取扱個数（百万個）	対前年度増減率
ゆうパック	1,091	11.9％
（再掲）ゆうパケット	496	16.1％
ゆうメール	3,299	-7.5％
郵便物（百万通）	15,244	-6.8％

資料：日本郵政グループ『決算の概要』2021年 5 月 7 日

4.5.2　郵便・物流事業の決算概要

　日本郵便の郵便・物流事業の収支は、減少する郵便収入と宅配便収入の増収との対比が特徴になっている。2020年度、荷物（ゆうパック・ゆうメール）は187億円の増収となったが、国際郵便、普通郵便、年賀葉書等の減収を補いきれず、対前年度 -2.7％減収の 2 兆684億円となった（表4.5）。

　営業費用は、減収に見合うほど削減できず、営業利益は1,237億円となり減収減益になった。営業費用の63.5％を占める人件費は -1.7％となったが、経費のうち国内集配運送委託費が87億円の増加となった。

表4.5　日本郵便の郵便・物流事業（2020年度）

	経営成績（10億円）	対前年度増減率
営業収益	2,068	-2.7%
営業費用	1,945	-1.7%
人件費	1,236	-1.7%
経費	709	-1.6%
営業利益	124	-16.1%

資料：日本郵政グループ『決算の概要』2021年5月7日

4.5.3　幹線輸送ネットワークの再編

　長い歴史を持つ郵便は、鉄道輸送を前提に駅周辺や市街地中心部に郵便局が設置されてきた。郵便物と小包は、全国の郵便局と仕分け・混載等業務を担う集配局、地域区分局等を経由して、輸送されてきた。鉄道輸送からトラック輸送への転換、郵便小包の増大に伴い、高速道路周辺に地域区分局が移転するなど、郵便局の再編が進められるようになった。

　郵政民営化以降は、郵便・物流ネットワーク再編が進められている[21]。集配郵便局内で行っている郵便物やゆうパックの仕分け作業は、自動仕分け機の機械化を進めた地域区分局で集中的に処理する方式に切り替えられている。地域区分局の数も70局から53局に集約予定である。

　メガ物流局5カ所を含め地域区分局15カ所が、高速道路インターチェンジ付近で整備されている。地域区分局13カ所では、営業倉庫として登録し、EC向けに保管、在庫管理、ピッキング、仕分け、配送まで行うフルフィルメントサービスを提供している[22]。

(21)　日本郵政グループ中期経営計画〜新郵政ネットワーク創造プラン2016。
(22)　日本郵便株式会社2020年6月3日「EC市場の急速な発展に対する日本郵便の物流事業への対応」。

　集配郵便局と地域区分局は、それぞれ宅配便の集配センターとターミナルに相当しており、郵便ネットワークは多段階型のハブアンドスポークシステムを基本としている。郵便局間の幹線輸送や中継輸送は、連結子会社の日本郵便輸送（旧日本郵便逓送）と傭車を利用している。日本郵便輸送は、保有車両数2,405両、従業員2,038人により、郵便の幹線輸送を担っている。

4.5.4　ラストマイルにおける併配

　特性が大きく異なる郵便物とゆうパックとでは、配達や仕分け等の業務が分離されていた。郵便物は、全国23,790箇所の郵便局（簡易郵便局含む、2021年4月末）から2輪車（バイク・自転車）で配達されている。一方ゆうパックは、おもに軽トラックを利用して配達している。

　日本郵便は、ゆうパック全取扱量の半分程度を貨物軽自動車運送事業者に委託してきた。これまで、ほぼ日本郵便専属の事業者に委託してきたため、他社からの引き抜き等の影響もないという。一方、前項のとおり、配送量拡大と運賃上昇により、運送委託費は増加している。

　郵便物の減少が続くなか、郵便ネットワークの活用が求められている。このため、日本郵便は、郵便物と荷物を一緒に配達する「併配」を進めている[23]。

　併配では、2輪車のキャリーボックスを大型化し、ゆうパケットや60サイズの小型ゆうパックを搭載できるようにした。今後も併配可能な小型荷物増加が見込まれ、2輪車の機動力の活用を進める計画である。

(23)　ロジビズ2020年3月「インタビュー日本郵便」。

ラストマイルの効率化では、CBcloud と提携し宅配効率化システム「SmaRyu Post」の導入を開始している。このシステムでは、スマホを用いて荷積みからルーティング、ナビゲーション、配達状況等まで管理することができる。

4.5.5　楽天グループとの戦略的提携

　日本郵便と楽天は、従来から配送分野で協力関係にあった。2020年12月、これを拡大し「健全で持続可能な物流環境の実現を目的とする戦略的提携」に合意した[24]。同合意によれば、日本郵便の物流ネットワークと楽天の需要予測やデータ運用能力を活用し、両社のデータを共有化することにより、出店者、消費者、物流事業者など全関係者にとって満足度の高い新たな物流プラットフォームを構築するという。

　2021年3月、日本郵政グループは楽天グループに出資した[25]。両者は、共同物流拠点の構築、共同配送システム・受取サービスの構築、楽天フルフィルメントセンターの利用拡大、ゆうパック利用拡大に合意した[26]。

　同年7月、共同出資により JP 楽天ロジスティクスが設立され、

---

(24)　日本郵政グループプレスリリース2020年12月24日

(25)　楽天は携帯電話事業の強化に向けた資金調達の一環として、第三者割当増資により2,423億円を調達する計画を発表した。日本郵政はそのうち約1,500億円を投資し、この他に中国のネット企業テンセント（騰訊控股）、米ウォルマートなどが株式を引き受けることになった。テンセントの出資にあたっては、中国への情報流出が懸念された。読売新聞社説2021年4月29日。

(26)　楽天グループ株式会社プレスリリース2021年4月28日「会社分割（簡易吸収分割）による事業の承継及び日本郵便株式会社との合弁会社の設立について」

物流 DX プラットフォームの共同事業化を開始した。当初は、楽天グループのネット通販荷物を中心に取り扱うが、将来は他の EC 事業者や物流事業者がオープンに利用するプラットフォーム構築を目指している。ドローンや UGV（自動走行ロボット）を用いたラストマイル自動化にも取り組んでいる。

4.5.6　共創プラットフォーム構想

日本郵政グループは、日本郵便、ゆうちょ銀行、かんぽ生命の強みを活かした「お客さまと地域を支える共創プラットフォーム」を目指す「JP ビジョン2025」を発表した[27]。グループ一体での DX により、リアル郵便局ネットワークとデジタル郵便局とを融合し、新しい価値の提供を目指す。

JP ビジョン2025のもとで日本郵便は、3,000億円を投資してデジタル化を推進する。差出情報と配達先情報を活用し、郵便物や荷物を送りやすく受け取りやすくし、局内作業やラストマイルの効率化を図る計画である。

商品・サービス、オペレーションの戦略的見直しでは、EC 市場やフリマ市場の取込みが重要課題として挙げられている。戦略として、営業倉庫の拡大を軸とした3PL 拡大が打ち出され、2025年度までに26拠点、延床面積20万 m^2 の営業倉庫拠点の提供を計画している。

***

(27)　日本郵政グループ「JP ビジョン2025」2021年 5 月24日。

4.6 宅配便の持続的革新

4.6.1 プラットフォーム革新

　宅配危機以降、宅配便事業者はラストマイルを中心に労働力の確保が進まず、輸送力を十分に拡大できなかった。しかし、この数年間、各事業者はネット通販急増に対応した EC プラットフォーム構築を進め、ネット通販に対応したロジスティクス体制の整備を続けてきた。コロナ禍では、ネット通販事業者との戦略的提携が相次いで発表されるなど、企業間の連携が強化されている。

　宅配便事業者は、ネット通販事業者及びその出店者との連携を強化するため、フルフィルメント事業を強化している。川上の在庫管理、ピッキング、出荷業務を取り込むことによって、情報を活用した業務効率化や自動化を図るとともに、顧客取り込みにつなげている。

　最大の課題であったラストマイルでは、従来から貨物軽自動車運送事業者の活用がみられたが、コロナ禍ではシェアリングが本格的に導入され大幅に輸送力が拡大した。宅配危機以来、宅配便取扱量は抑制されてきたが、2020年度は過去最高の取扱量を記録した

　宅配便事業者によるラストマイルとフルフィルメントを組み合わせたネット通販プラットフォームは急拡大している。宅配便事業者は、プラットフォーム革新や組織革新を起こしたと評価されよう。

4.6.2 イノベーションのジレンマへの対応

　もともと宅配便は、CtoC 向けのきめ細かなサービスが BtoB や BtoC でも高く評価され発展してきた。一方、ネット通販では、宅

配便が特徴とする手渡しや再配達等のサービスよりも安さや手軽さが重視され、このようなニーズに対応したサービスを提供すれば、従来の顧客からの支持を失う恐れがある。

　このような状況は、クリステンセン（2001）が指摘するイノベーションのジレンマと似ている。宅配便は、輸配送システムの改善・改良による持続的イノベーションで優れた物流サービスを提供し、要求度の高い顧客の支持を得てきた。要求度の低いネット通販事業者を取り込むためにサービス水準を下げると、既存顧客の支持を失いかねない。しかし、急増するネット通販需要を取り込まなければ、大きな成長が見込めない。

　ヤマト運輸は、要求度の高い顧客に対しては、伝統の宅急便ブランドを守りながら、ネットワークの強化を続け物流システムの改善・改良により、サービス水準を向上させている。一方、ネット通販需要に対しては、EAZY を立ち上げ、置き配やシェアリングを導入することにより低コストサービスとした。EAZY をネット通販の

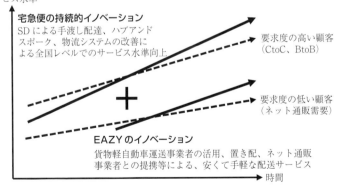

資料：クリステンセン（2001）を参考に作成。

図4.6　新サービスブランドによるネット通販需要の取込み

専用サービスとし、従来と異なる配達員の制服を導入することにより、従来の宅急便と異なるブランドと認識されるようにしている。その結果、EAZYは、宅急便ブランドを破壊することなく、ラストマイルネットワークを急速に拡大しネット通販需要を取り込むことに成功した。

4.6.3　持続可能なラストマイルを目指して

　宅配便事業は、組織革新やプラットフォーム革新が進む一方、その事業運営はなおも労働集約的である。一部の物流センターでは、省力化や自動化が進められ、労働生産性が向上している[28]。しかし、自動化が困難なラストマイルでは、トラックや自転車、台車等に依存するほかない。

　各社が急速に増やしているのは、貨物軽自動車運送事業の個人事業主である。軽トラック１台が配達可能な個数は年間２万個程度とされ[29]、これを大きく増やすことは難しい。宅配便取扱個数は2020年度に前年度より約４億9,400万個増えたが、この勢いが続くとすれば毎年25,000人近い貨物軽自動車運送事業者を増やしていく必要がある。

　貨物軽自動車運送事業に従事する個人事業主の労働環境は厳し

---

(28)　佐川急便のXフロンティア（７階建て、延床面積17万 m²）では、オートストアやAGV等自動機器を導入することにより仕分け能力は10万個／時となり、必要な作業員数が250人になった。同じ業務を行っていた旧４物流センターの仕分け能力２万個／時、作業員数600人と比べ、労働生産性が大きく向上した。日経産業新聞2021年１月12日。

(29)　条件によって異なるが、１時間で配達可能な個数は10個程度とされる。年間労働時間2,000時間とすると年間配達個数は約20,000個となる。ただし個人事業主は、実際にはこれより長時間働くことが多い。東洋経済オンライン2020年３月８日「宅配業者がドライバーの「独立支援」を急ぐ事情」。

い[30]。現在は入職者が増えていても、コロナ禍が終息し他の職種の採用が増えてくれば個人事業主を確保することは難しくなる。個人事業主の労働条件も、雇用者と同様に整備していくことが求められよう。

　トラックに依存したラストマイルは、地球環境問題への対応も大きな課題となっている。パリ協定に沿って2050年温暖化ガス排出実質ゼロを目標とする改正地球温暖化対策推進法が成立し、政府は2030年度に2013年度比46%減を目標として掲げている。このペースで温暖化ガス削減を進めるには、思い切った対策が求められる。

　このような課題に対し、電気自動車や自動運転車両、配達ロボット、ドローン等の実用化が期待されている。これらが実用化される順に、労働力を代替していくことが予想されるが、そのロードマップはまだ明らかではない。

参考文献

クリステンセン、クレイトン（2001）『イノベーションのジレンマ（増補改訂版）』（玉田俊平太監修、伊豆原弓訳）翔泳社

齊藤実（1991）『宅配便―現代輸送のイノベーター―』成山堂書店

高槻芳（2021）「物流、再発明」『日経コンピュータ』2月4日

中田信哉（1994）『明日の宅配便市場』交通研究協会

日本経済新聞出版（2017）『宅配クライシス』日経BP

沼上幹（2015）『一橋MBA戦略ケースブック』東洋経済新報社

林克彦、根本敏則編著（2015）『ネット通販時代の宅配便』成山堂

林克彦（2017）『宅配便革命』マイナビ新書

林克彦（2019）「ネット通販急成長に対応したラストマイルの変化」『物流問題研究』

林克彦（2020）「宅配危機からネット通販物流革新へ」『計画行政』第43巻第2号

---

(30)　募集時は固定給で良い条件であっても、徐々に出来高払いに切り替えられ長時間働かなければ配達しきれなくなる場合もある。東洋経済オンライン2019年1月2日「個人宅配、1件3分半で荷物を届ける激務」。

林克彦（2021）「小型貨物輸送市場における新展開とフィジカルインターネット」『日交研シリーズ』A-818

宮武宏輔（2020）「新型コロナウイルスがネット通販と宅配便に与える影響と今後の展望」『物流問題研究』

第5章

ネット通販事業者のロジスティクス革新

5.1　ネット通販 LPF の構築

　ネット通販は、マルチサイド・プラットフォームの特性を持ち、大きなネットワーク効果が働いている。このため、日本のネット通販市場では、アマゾンジャパン、楽天市場、Ｚホールディングスによる寡占化が進んでいる。

　これまでネット通販事業者は、物流業務の多くを物流事業者に依存してきた。なかでも配送（ラストマイル）は、宅配便の優れたサービスを前提としてきた。宅配便事業者は、ネット通販事業向けのプラットフォームを構築し、従来の宅配便より安くて簡便な配送サービスを提供してきた。

　一方、ネット通販市場の競争が激化し、速く安く届ける配送サービスもエスカレートしている。宅配危機以降、ネット通販事業者のなかには宅配便依存度を下げるため、自社物流体制を強化する動きもみられるようになった。

　なかでもアマゾンジャパンは、全国に独自のロジスティクス・プラットフォーム（LPF）を構築し、配送まで自社化を進めている。直販型とモール型両方のネット通販事業を運営するアマゾンジャパンは、直販商品だけでなく、モール出品者にまでフルフィルメント・サービスを提供している。アマゾンジャパンは、ネット通販 LPF を運営する物流事業者と見なすことさえできるようになった。

　労働力不足で輸送力を維持するのも困難な物流業界を尻目に、アマゾンジャパンが短期間に巨大なロジスティクス体制を構築した過程は極めて興味深い。しかも、物流事業者にとって顧客であった存在が、巨大な競争相手に変わろうとしているのである。

　本章では、アマゾンジャパンを中心にネット通販事業者が、どのように革新的な LPF 構築を進めているか把握する。

5.2　ネット通販市場における競争激化

5.2.1　コロナ禍の EC 需要急増

　ネット通販は、急速な成長を続けている。2020年の流通総額は12兆2,333億円と推定されており、短期間で重要な小売業態に成長した[1]。代表的な EC 事業者である楽天市場の創業1997年からわずか四半世紀足らずで、コンビニ（年間販売額10兆6,608億円）を上回り、スーパー（同12兆7,597億円）に匹敵する規模になった[2]。

　コロナ禍の巣ごもり消費は、ネット通販の急成長に拍車をかけた。家計消費状況調査により月次推移をみると、2020年3月に緊急事態宣言が発出されてから、ネット通販への支出額は増加を続けている。ネット通販利用世帯の割合も拡大し、過半数の世帯が利用するようになった。

　巣ごもり消費によって、ネット通販消費は約1.2兆円底上げされたと推定されている。EC 化率（ネット通販販売額が小売販売額に占める比率）は、2019年の6.76％から2020年の8.08％まで高まった[3]。

（1）　経済産業省（2021）による物販系 BtoC-EC 市場規模の推計値。
（2）　それぞれ、日本フランチャイズチェーン協会、日本チェーンストア協会発表による市場規模。
（3）　物販系 EC 化率。サービス、デジタル系分野は含まない。経済産業省（2021）。

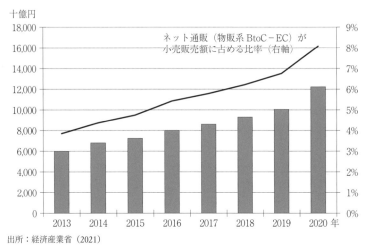

十億円

出所：経済産業省（2021）

図5.1　ネット通販（物販系 BtoC−EC）市場規模と EC 化率の推移

5.2.2　ネット通販市場の寡占化

　小売業界では、主要業態ごとに協会や業界団体が設けられ、販売額等の情報を公表している。しかし、ネット通販にはそのような業界団体はなく、ネット通販業界に関する総合的な情報は見当たらない[4]。ここでは、各社の公表資料や独自推計による「e コマースコンバージョンラボ」の資料を用いた[5]。

　ネット通販の販売規模については、ネット通販事業者による直接

（4）　カタログ、テレビ等を媒体とする伝統的な通信販売業界を代表する公益
　　　法人として日本通信販売協会（1983年設立）があるが、主要ネット通販事
　　　業者は加盟していない。
（5）　「2020年 EC 流通総額ランキング」　https://ecclab.empowershop.co.jp/archives/
　　　70241。2022年 1 月閲覧。各社発表に基づきネット通販以外の流通額を含
　　　むため、上位10社で約13兆5,000億円規模となり、経済産業省によるネット
　　　通販市場規模の推計値を上回る。

販売額に、モール（マーケットプレイス）に出品する事業者の販売額を加えた流通総額が用いられている。

　ネット通販市場では、楽天市場とアマゾンジャパンが長年トップ争いを続けてきたが、2020年はアマゾンジャパンがトップとなった。アマゾン・ドット・コムは、アマゾンジャパンのセグメント情報を詳しく公表していないため、マーケットプレイスの比率を60％と推定するなどして、アマゾンジャパンの流通総額を4兆7,069億円と推定している。2020年の対前年増加率は、巣ごもり消費を取り込み37.5％となった。

　楽天市場は、国内EC事業の流通総額を4兆4,510億円と公表している。このなかには、ネット通販だけでなく、トラベル、楽天デリバリー、ネットスーパー等の流通額を含んでいる。

　日本のECモールでは、上位2社の規模が突出して大きかったが、最近はZホールディングスが急速に規模を拡大している。Zホールディングスの発表によれば、2020年のYahoo!ショッピングの流通総額は対前年比66.5％増の1兆4,180億円となった。Zホールディングは、オークションを運営するヤフオク!、アパレル専門のZOZOTOWNを傘下に擁し、強力な第3勢力を構成している。

　ネット通販では、消費者、出品者それぞれのサイド内、さらにはサイド間でネットワーク効果が働くため、上位企業による寡占化傾向が著しい。日本でも、これら上位3グループが大部分の市場シェアを占めている[6]。

（6）　上位10社合計を市場規模とすると、市場占有率は上位1社で35％、上位3社で79％となる。

表5.1　ネット通販事業者の流通総額ランキング（2020年）

順位	ネット通販事業者	流通総額	対前年増加率
1	アマゾンジャパン	4兆7,069億円	37.5%
2	楽天市場（トラベル等含む）	4兆4,510億円	19.9%
3	Yahoo! ショッピング（PayPay モール、LOHACO 等含む）	1兆4,180億円	66.5%
4	ヤフオク！	8,303億円	1.1%
5	メルカリ	7,121億円	31.1%
6	ZOZOTOWN	3,955億円	15.5%
7	EC－CUBE	2,940億円	40.0%
8	MakeShop	2,343億円	35.1%
9	au Pay マーケット	2,317億円	80.0%
10	カラーミーショップ	1,936億円	32.7%
合計	－	13兆4,674億円	－

出所：eコマースコンバージョンラボ『2020年 EC 流通総額ランキング』

5.2.3　ネット通販事業者の直販額

　ネット通販には、モール型以外にネット通販事業者が直接販売する直販型がある。直販型だけでは品揃えが限定されるため、多くの場合モールを併営している。

　ネット通販事業者の直販額をみると、アマゾンジャパンが他者を圧倒している。2020年の直販額は、対前年比25.2%増の2兆1,852億円となった[7]。アマゾンジャパンの直販額の成長率は、マーケットプレイス出品者の販売額の成長率と比べて低いものの、なおも直販は流通総額の半分近くを占めている。

（7）　表5.2に基づく。Amazon.com 年次報告書（10K）のセグメント情報によれば、2020年におけるアマゾンジャパンの売上高は、対前年比27.9%増の204億6,100万ドルである。クラウド、FBA 等の売上高が含まれており、ネット通販のみの売上高は公表されていない。

　アマゾンジャパンの直販額と比較すると、他の事業者の規模は小さい。しかし、ヨドバシカメラの2020年 EC 販売額が対前年比60.3％増となるなど、コロナ禍で売り上げを拡大している。実店舗型のチェーンストアであるヨドバシカメラやビックカメラ、ユニクロは、大都市圏を中心に立地する店舗を活用したオムニチャネル戦略が注目されている。

　モール出店者のなかには、直接自社サイトで直販型ネット通販を手掛けるものもある。最近では、自社ブランドを重視するメーカーやセレクトショップが、消費者に直接販売するチャネルとしてDtoC（Direct to Consumer）を手掛けるケースが増えている。その直販額はまだ大きくないものの、モール依存脱却のため力を入れる企業が増えており、今後拡大が予想される。

表5.2　ネット通販事業者の直販額ランキング（2020年）

順位	社名	EC 売上高	対前年比増
1 位	アマゾンジャパン	2 兆1,852億円	25.2％
2 位	ヨドバシカメラ	2,221億円	60.3％
3 位	ビックカメラ	1,487億円	37.0％
4 位	ZOZOTOWN	1,474億円	17.4％
5 位	ユニクロ	1,076億円	29.3％

出所：月刊ネット販売2021年 9 月『ネット販売白書』

5.2.4　配送サービスによる差異化

　ネットショップは、複数のモールに出品したり自社直販サイトを設けたりするなど、販売拡大を図っている。消費者は、様々なサイトで同じ商品を購入することができるようになり、取扱商品で差異化することは難しくなっている。販売価格についても、価格比較サイトが利用されるようになり、値下げ競争が激化している。

　その結果、配送サービスによる差異化が重要な戦略になり、ネッ

ト通販事業者はより速くより安く届ける競争を繰り広げている。そこで重要となるのが、ロジスティクス戦略である。以下では、アマゾンジャパン、楽天市場、Ｚホールディングスのロジスティクスについて把握する。

5.3 アマゾンジャパンのロジスティクス

5.3.1 自社 LPF の構築

第6章で詳述するように、アマゾンは、顧客中心主義を掲げ、スピーディで安い配送サービスを基本方針として掲げている。また、経営リスク要因として、物流事業者への依存を指摘してきた。このため、自社でLPFを構築することにより、優れた配送サービスを提供し、同時にリスク回避を図ってきた。この考え方は、米国内だけでなく、日本を始め進出国においても同じである。

米国内の自社LPFは、そのままでは進出国の規制や物流産業の特性に合致しない。このため、アマゾンは、進出国の物流事業環境に合致するように調整しながら、自社LPFをグローバル展開している。

この節では、日本進出以来、アマゾンジャパンがどのように自社LPFを構築してきたか把握する。アマゾンジャパンは、宅配危機によって宅配便への依存が現実のリスクとなり、自社化を加速した。とくにコロナ禍で需給ギャップが拡大してからは、驚異的な速さで自社LPFを拡大している。

5.3.2　フィルメントセンター整備とプライムサービス開始

アマゾンの物流の要は、大都市圏周辺に立地するフルフィルメントセンター（FC）である。FC は、優れた自社配送サービスを提供するためだけではなく、物流サービスを外販するためにも用いられている。

2000年日本進出時、アマゾンジャパンは日本通運と提携し、同社市川物流センターを FC として利用し、ペリカン便（当時）で全国に商品を配送した。これは自社主義のアマゾンとしては例外的なケースとされる。しかし、FC のオペレーションについては、在庫管理、輸送管理、作業管理等、ほとんどの管理業務をアマゾンジャパン・ロジスティクスが手掛けていた[8]。

アマゾンジャパンは、直販商品の品揃えを進出当初の書籍から急速に拡大した。2002年には、モール型のマーケットプレイスを開設し、出店者、出品者による膨大なアイテムの販売を開始した。

アマゾンジャパンは、2005年に同センター近隣に大規模な市川 FC を開業した。取扱商品や出品者の拡大に合わせて自社物流施設の整備を進め、2007年に千葉県八千代市、2009年に堺市に大型 FC を開設した。

FC 整備によってスピード配送体制が整ってくると、画期的な配送サービスで差異化を進めた。2007年、アメリカ国内に続き日本でも会員サービスとしてプライムサービスを開始し、年会費3,900円でお急ぎ便[9]を使い放題とした。

2008年には、FC を用いて出品者向け物流サービス FBA（Fulfillment

（8）　岡山（2001）による。

（9）　日本全国（沖縄および一部離島を除く）を対象とするスピード配送サービス。早い場合には関東エリアで当日、それ以外では翌日配送が可能。2007年6月8日アマゾンジャパンプレスリリース。

by Amazon）を開始した。FBA は、保管、在庫管理、配送等の物流業務をアマゾンが代行するサービスである。出品者は、商品の在庫や出荷量に応じてアマゾンジャパンに規定の手数料を支払う。FBA を利用するとプライムサービスの対象となり、マーケットプレイスで消費者の目に留まりやすくなる。

2010年には、FBA マルチチャネルサービスを導入し、アマゾンジャパン出品者以外にもフルフィルメント・サービスの提供を開始した。このサービスは、物流事業者が提供するネット通販向け物流サービスと競合するものであり、実際上アマゾンジャパンは物流事業を開始したことになる。

アマゾンジャパンは、自社物流施設を利用した FBA を外販することによって、物流部門をコストセンターからプロフィットセンターに転換した。アマゾンによるプラットフォーム事業の典型的な事例である[10]。

5.3.3　FC の全国展開と配送サービスの向上

アマゾンジャパンは、大都市圏を中心に FC 整備を加速した。2010年に大阪府大東市、2011年に愛知県常滑市、埼玉県川越市、埼玉県狭山市、埼玉県川島市、2012年に鳥栖市、多治見市、2013年に小田原市（常滑、川越閉鎖）、2015年に東京都大田区、2016年に川崎市、西宮市、2017年に藤井寺市、岡山県総社市、2018年に大阪府茨木市、東京都八王子市に FC を開業した。

全国展開する自社 FC を活用し、アマゾンジャパンは配送サービスを向上させてきた。2010年には、全国で通常送料無料サービス[11]

（10）　データセンターを利用した AWS（Amazon Web Service）もその例である。
（11）　2016年、プライム会員以外は、送料無料を2,000円以上の購入に限定、2,000円未満の場合には送料350円に改定。

を開始した。2015年には、注文から1時間以内または2時間以内で届けるプライムナウを大都市圏で開始した[12]。さらに2017年には、プライム会員向けの生鮮食品配送サービスであるアマゾンフレッシュを地域限定で開始した。2021年には、プライムナウを終了し、マーケットプレイスに出店しているライフ、バローでの販売とアマゾンフレッシュに移行した。

5.3.4　コロナ下のFC急拡大

2020年には、埼玉県久喜市、東京都府中市、埼玉県坂戸市、埼玉県上尾市に、一挙4FCを開業した。新設4拠点はいずれも大規模で、その床面積は計35万 m^2 平方メートルに及ぶ。アマゾンジャパンのホームページによれば、全国21カ所にFCが整備されている（2022年1月閲覧）[13]。

これらのFCは、機械仕分けが可能な小型商品向けFCと、大型・重量品商品を扱うFCとに大別される（鳥栖FCのように両機能を併せ持つものもある）。川崎、坂戸、川口、京田辺、茨木FCでは、AGV（自動搬送台車）が商品棚を自動搬送するAmazon Roboticsを導入している。

特別な管理が必要な商品別には、専用の荷役・保管機器を備えたFCが整備されている。ファッション関連商品（久喜、川越）、生鮮食品（川崎）、返品（市川）等のFCが整備されている。

---

(12) プライムナウでは、自社直販商品に加えて外部小売業者の商品も販売していた。マツモトキヨシ、ココカラファイン、三越日本橋店等の商品を販売していた。

(13) 2020年のアマゾンジャパンのFC床面積は明らかなものだけで計125万 m^2 となり、楽天やヤフーなどネット通販業者のFC規模を凌駕し、三井倉庫（床面積140万 m^2）や三菱倉庫（同97万 m^2）など大手倉庫業者と並ぶほどになった。日本経済新聞2020年9月30日。

5.3.5　ソートセンターの設置

　アマゾンジャパンの FC は、商品を在庫し、川下のラストマイル
に商品を流す機能を持っている。しかし、出品者が増え、川上の物
流を効率化することが必要になってきた。

　アマゾンジャパンは、2020年から FBA 利用者向けに商品受入専
用のソートセンター（SC）を整備し始めた。SC は一時保管倉庫の役
割を果たし、SD で商品を一括受入、情報システムに登録後、FC 別
に仕分けて輸送する機能を持つ。FBA 利用者は、FC 別に仕分ける
必要がなくなり、まとめて SC に持ち込むことにより輸送費用を下
げることができる(14)。SC は、千葉県市川市、埼玉県川口市、大阪
府茨木市、神奈川県伊勢原市、大阪府東大阪市に整備されている。

　米国では、自社仕入れ商品も含めて受け入れる IXD（Inbound
Cross Dock）を設け、サプライチェーン全体で効率化を進めている。
現在のところ日本の SC は FBA 利用者向けのようであるが、今後
は米国の IXD のように役割を拡大していく可能性もある。

5.3.6　分散型物流拠点の整備

　1〜2時間で配送するアマゾンフレッシュやプライムナウで
は、消費者費に近接して在庫を保有する小規模分散型物流センター
が必要になる。アマゾンジャパンは2015年以降、大都市圏に相次
いで即配用のプライムナウハブを設けてきた。

　一般商品の自社配送体制を整備するうえでも、分散型物流拠点は
重要である。アマゾンジャパンは、ラストマイルに特化したデリバ

---

(14)　Lnews 2020年10月28日「アマゾン／千葉・埼玉・大阪に一時保管施設を
　　　新設」。日本経済新聞2021年1月13日和歌山版。

リーステーション（DS）の開設を進めている。DS では、在庫を保管せず FC から対象地域向けに出荷された商品を受付け、ルート別に仕分ける。

アマゾンジャパンのホームページによれば、DS での業務の流れは次のようになる。①FC からロールボックスパレット（かご台車）で中継された荷物をコンベアへ移動、②配送ルートごとに仕分け・バーコード読み取り及びラベル貼付け、③仕分け用バッグへの荷物の積み込み、④荷物の入ったバッグのかご台車への積込み・移動となる。

2018年に日本初の DS を整備以後、仙台太白、東京江東、東京豊島、東京大田、府中、東京町田、神奈川茅ケ崎、埼玉吉川、埼玉川口、埼玉新座、千葉柏、成田、千葉市原、名古屋笠寺、愛知岡崎、大阪枚方、大阪住之江、大阪堺、兵庫尼崎、広島佐伯、福岡吉塚の21拠点が設けられている[15]。

5.3.7　デリバリープロバイダー（DP）の組織化

アマゾンジャパンは、当初から物流拠点についてはアマゾンジャパンロジスティクス[16]による自社管理を徹底してきた。その一方、輸配送については、サービス水準が高い宅配便に依存してきた。

しかし、宅配危機によって、宅配便に依存するリスクが露わになってきた。2013年には、アマゾンジャパンの配送の多くを担ってきた佐

---

(15)　アマゾンジャパンプレスリリース 2021年7月12日によれば、5 カ所に DS を開設し、数百人規模のアマゾンフレックスドライバー募集を予定している。2021年に開設予定拠点は、東京町田、東京府中第 2 、埼玉戸田、横浜鶴見、千葉船橋であり、これにより DS 数は約30になる。

(16)　2016年にアマゾンジャパン株式会社とアマゾンジャパンロジスティクス株式会社が合併し、アマゾンジャパン合同会社となった。以後組織上、アマゾンジャパンロジスティクスはアマゾンの内部物流部門と位置付けられる。

川急便が採算性を重視し契約を打ち切った。2017年には、ヤマト運輸が働き方改革のため、取扱量抑制と運賃値上げに踏み切った。

アマゾンジャパンは、2013年頃からデリバリープロバイダー（DP）を指定し、配送業務を委託するようになった。DPは、宅配便のように全国広域に配送を行うのではなく、特定の物流拠点から限定された地域で配送業務を行う。事業開始にあたって、アマゾンジャパンは事業計画作成から研修、専用アプリでの業務管理・配送ルート作成等を支援する。軽トラックによる配達が基本となるが、オートバイ、自転車、台車による配達が可能な地域もある[17]。

5.3.8　主要DPの概要

主要デリバリープロバイダーには、TMG、SBS即配サポート、札幌通運、丸和運輸機関、若葉ネットワーク、ギオンデリバリーサービス、ヒップスタイル、遠州トラック、ロジネットジャパン西日本の9社がある[18]。

TMGは、1982年に軽トラック1台で宅配便の下請けを開始し、規模を拡大していった。2011年からアマゾンジャパンの配送業務を受託し始め、その比率を高めていった。2017年頃から一挙に拠点を拡大、現在西日本を中心に60拠点で軽トラック2,200台を組織化している。2019年からは一般貨物運送事業の許可を取得し、大型貨物の配送やアマゾンのFCから自社拠点への中継輸送を開始し

---

(17)　DPはアマゾンジャパンから独立した契約者の関係にあり、ドライバーはDPと契約関係にある。運行管理やドライバーの安全管理等はDPの責任で行われる。https://logistics.amazon.co.jp/marketing/faq。2022年1月閲覧。

(18)　アマゾンジャパンホームページ2020年閲覧時。現在は掲載されていない。DPの契約期間は1年程度で、随時見直しが行われている。東洋経済オンライン2019年6月6日「アマゾンがついに自前物流構築の衝撃」。

ている[19]。しかし、2020年秋、アマゾンジャパンは TMG との契約を突如打ち切ったため、係争状態になっている[20]。

　SBS 即配サポートは、1987年に軽トラックで当日配送サービスを提供する関東即配として出発した。現在は SBS グループとして BtoB で約1,000台を運用しており、BtoC では DP として1,800台近くを専属配車している。この他 BtoC では、読売新聞との共同事業で都内宅配サービスを提供している。ネット通販事業者の FC から SBS が集荷した商品を新聞印刷所に届け、そこから新聞と混載して都内約200カ所の新聞販売店に中継し、朝刊・夕刊配達後に配達している[21]。

　丸和運輸機関は、1973年創業以来、マツモトキヨシの一括物流、食品スーパー向けの3PL、生協の個配等、企業物流を中心に提供してきた。2015年東証一部指定替え以降、急成長分野である EC の取込みを開始した。協力トラック会社を組織化するアズコムネットを2015年に設立し、配送用車両のリース代・ガソリン代等の費用割引、運転技術・車両点検・労務管理等の支援を開始した。2017年には、個人事業主を育成するため、開業手続きの支援や休業補償を提供する桃太郎クイックエースを開始した。2020年末には、アズコムネットへの参加企業1,500社、3,500台まで拡大した[22]。2020年度からは、アマゾンジャパンの FC 運営業務や FC・DS 間中継輸送・FC 間幹線輸送の受託を開始しており、今後も拡大を目指している[23]。

---

(19)　ロジビズ 2020年 3 月「インタビュー TMG」
(20)　ロジビズ 2021年 2 月「物流企業番付け」
(21)　ロジビズ 2020年 3 月「インタビュー SBS グループ」
(22)　日経ビジネス電子版 2021年 2 月 5 日「丸和運輸機関、アマゾン射止めた物流の新星」
(23)　カーゴニュース2021年 6 月 1 日「丸和運輸機関／21年 3 月期 EC 伸長で売上高1,000億円突破」

5.3.9 シェアリングの導入

自社配送ネットワークを拡大するうえで、DPと並び重要なのがアマゾンフレックスである。

2018年、アマゾンジャパンは、貨物軽自動車運送事業を届け出ている個人事業主と直接契約を結ぶアマゾンフレックスを開始した[24]。アマゾンフレックスに登録、専用アプリを導入した個人事業主は、特定地域で一定時間枠（2時間、4時間、8時間）を予約、指定されたDS等にチェックイン、荷物積載、アプリルートを参照し配送する。車両レンタル・リース、車検、任意保険等を提供するパートナー企業も紹介している[25]。

アマゾンフレックス専業でなくても、副業として従事することもできる。多くのドライバーは他の配達業務と兼業しており、条件によって使い分けている。

アマゾンジャパンは、2020年3月から多くの地域で置き配を初期設定とするよう配送条件を変更したため、初心者でもアプリの示すルート通り配送しやすくなっている。

5.3.10 自社LPFによる物流事業者依存の軽減

アマゾンジャパンの自社ロジスティクス体制は、FCの拡充、DSの整備、ラストマイルの自社配送体制の構築が進み、現在は図5.2のように発展している。

短時間のうちに、自社ラストマイルネットワークを急速に整備

---

(24) 米国では、個人でも荷物を十分に積載できる車両を所有するなど条件を満たせばアマゾンフレックスとして働くことができる。https://flex.amazon.com/faq。2022年1月閲覧。

(25) https://flex.amazon.co.jp/faq。2022年1月閲覧。

し、宅配便への依存度は低下している。ウケトル調べによれば、2017年時点ではアマゾンジャパン出荷商品のほとんどを宅配便が配送していたが、2020年9月時点では自社配送体制により過半数を配送するまでになった（図5.3）。

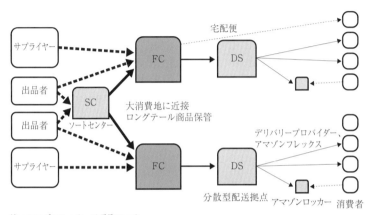

注：アマゾンロッカーは受取ロッカー。
資料：アマゾンジャパンホームページ、MWPVL等より作成

図5.2　アマゾンジャパンの自社ロジスティクス体制

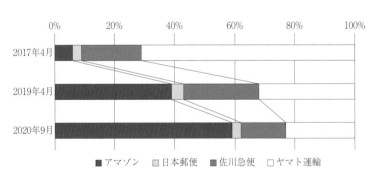

注：ウケトル調べ。2020年9月は20日までの実績。
出所：ロジビズ2020年10月

図5.3　アマゾンジャパンの配送方式利用率（%）

5.4 楽天市場のロジスティクス

5.4.1 モール型ネット通販事業者の配送サービス

楽天の2020年度（2020年1～12月期）国内EC流通総額は、4兆4,510億円であるが、このうち楽天市場だけで3兆円を突破した[26]。楽天市場への出店者数は、2020年12月末時点で53,794店まで増加した。バラエティに富んだ多数のショップが出店する楽天市場は、ネット通販が楽しめる総合ショッピングモールとして、人気を集めている。

モール型の短所は、出店者が独自に物流を手配するため、同じモールに出店していても、配送サービス水準がバラバラなことである。アマゾンジャパンが独自のロジスティクス体制によりプライムサービスを提供しているのに対し、モール型事業者の配送サービスは見劣りする。

楽天市場は、2019年に送料無料を一律導入する方針を打ち出した。しかし、出店者の反対をうけて公正取引委員会の調査に至ったため、出店者が送料無料ラインを選択する制度とした[27]。現在、約9割の出店者が、購入者の送料無料となる購入下限を3,980円に設定する送料無料ラインを導入している。

---

(26) 楽天市場の流通総額は、2018年2兆円超えからわずか2年で3兆円を突破した。なお、国内ECにはトラベル、ブックス、ゴルフ、ファッション、ドリームビジネス、ビューティ、デリバリー、楽天24（ダイレクト）、オートビジネス、ラクマ、Rebates、楽天西友ネットスーパーなどの流通額を含む。楽天決算説明会資料による。

(27) 2021年6月、出品契約を変更する場合に、送料無料ライン制度を義務化した。日本経済新聞2021年6月10日。

5.4.2　協業による「ワンデリバリー」

　楽天市場は、出品者に対し商品の保管から出荷までを代行するフルフィルメント・サービス「楽天スーパーロジスティクス」を提供してきた。配送サービスでは「Rakuten EXPRESS」を提供してきたが、自社配送方式ではなく、物流事業者に配送を委託する方式であった。

　2018年、楽天市場はより包括的な物流サービスを提供するため、独自の物流拠点と配送ネットワークを構築する「ワンデリバリー」構想を発表した[28]。この構想に基づき、物流関連に2,000億円超の投資を進めている。2019年に RFC 枚方（72,000㎡）、RFC 流山（78,000㎡）、RFC 習志野（57,000㎡）、2020年に RFC 市川Ⅳを相次いで開設した。

　2020年における楽天スーパーロジスティクスの利用店舗数は、対前年比87.4% 増、出荷量は同140.7% 増となった。自社配送エリアも拡大し、Rakuten EXPRESS の人口カバー率は2020年12月時点で63.5% まで拡大した。

　ワンデリバリー構想実現では、日本郵便との協業が大きなカギとなっている。資本提携を行い、2021年 7 月に共同物流会社 JP 楽天ロジスティクスを設立した。配送では Rakuten Express を2021年 5 月末までに順次終了し、日本郵便へ切り替えている[29]。

5.4.3　楽天西友ネットスーパー

　楽天とウォルマートは、2018年に戦略的提携を結び、楽天西友

（28）　楽天プレスリリース2018年 7 月17日。
（29）　日本経済新聞2021年 5 月18日。

ネットスーパーを協働運営している[30]。2020年にウォルマートが保有する西友株式の大部分を売却した際も、楽天がその一部を引き受け、3社の協力関係を強化している。

　楽天西友ネットスーパーでは、配送能力を拡大するため、西友店舗からの配送に加え、物流センターからの配送体制を整備している。ネットスーパー専用物流センターを千葉県柏市、松戸市、神奈川県横浜市、大阪府茨木市で整備している[31]。常温・冷蔵・冷凍の3温度帯保管に対応し、最新の自動化設備が導入されている。品揃えでは、西友の得意とする生鮮食品や日用品に、楽天の取寄せグルメを取り揃えている。

5.4.4　ドローン実用化に向けた取り組み

　楽天は、自律制御システム研究所と共同でマルチコプター型ドローン「天空」の開発を進めている。完全自律飛行による配送を特徴とし、離陸から到着、荷物積み下ろしまで自動化を目指している。

　これまで2016年に、千葉県御宿町のゴルフ場でゴルフボール、菓子、飲み物のドローン配送を行った。同年、福島県南相馬市でローソン店舗から指定受取場所まで注文商品をドローンで届けた。2019年には、東京湾で横須賀市の西友から猿島まで肉や野菜、飲料等を配送した。2021年には、三重県志摩市でマックスバリュから間崎島住民へ自動制御による目視外飛行で配送した。

　楽天は、自動配送ロボットにも取り組んでおり、4回の配送実験を行っている。2019年、千葉大学の構内で、生協から指定場所

（30）　楽天プレスリリース 2018年1月26日。
（31）　新しい生活様式が定着し、楽天西友ネットスーパーの2020年10月～12月の売上は前年同期比39.9%増となった。物流体制の整備により、配送枠を拡充していく計画である。楽天プレスリリース2021年2月16日。

へ注文商品をロボットが配送した。同年、横須賀市内で西友から市内の公園へ、一般市民向けにロボットによる配送を行った。2020年には、蓼科のリゾート施設内で宿泊者を対象にバーベキュー用食材などを配送する実験を行った。2021年には、神奈川県横須賀市の住宅地の公道で、西友から地域住民に注文商品をロボットが配送する実験を実施した。

5.5　Z ホールディングスの EC 事業とロジスティクス

5.5.1　EC 事業の急拡大

　Z ホールディングスの EC 事業は、ショッピング、リユース、その他物販、サービス・デジタル分野から構成される。ショッピングの流通総額は、2020年度（2020年 4 月〜2021年 3 月）、対前年比45.1％増の 1 兆5,014億円となった。リユース、その他物販を含めた物販 EC の流通総額は、対前年比24.4％増の 2 兆6,710億円となった[32]。

　上位 2 社に追い付くため、Yahoo! ショッピングは、2013年に出店料と売上ロイヤルティを完全無料化し、出店者数と取扱アイテムを急拡大した。さらにアスクルや ZOZO との資本業務提携による特定カテゴリーの強化、PayPay モールの開始等により、楽天市場に迫る流通総額規模に急成長している。

（32）　ショッピングには Yahoo! ショッピング、PayPay モール、ZOZOTOWN、LOHACO、チャームを含む。リユースにはヤフオク!、PayPay フリマ、ZOZOUSED を含む。Z ホールディングス決算説明会資料。

5.5.2　ロジスティクス体制の構築

　Yahoo! ショッピングでは、2010年から特定商品を一部地域で注文翌日に配送する「あすつく」、2012年から注文当日配送する「きょうつく」を開始した。後者は、提携している LOHACO の配送ネットワークを利用している。

　2013年から、Yahoo! ショッピング出店者向けにフルフィルメント・サービス「Yahoo! ロジスティクス」の提供を開始した。アスクルの物流子会社アスクルロジストが運営する物流センター（東京都江東区）を拠点としている。このほか Yahoo! ショッピングでは、出品者向けにフルフィルメント、輸配送パートナーを紹介している。

　ソフトバンクグループには、SB ロジスティクスがある。SB ロジスティクスは、同社市川フルフィルメントセンターを利用して、100社以上の出店者に従量課金型のサービスを提供している。フルフィルメント・サービス以外には、SCM コンサルティングと最新技術の開発・販売を行っている。

　Z ホールディングスは、2020年に物流・配送の強化を目的とする新コマース戦略を発表し、ヤマトグループと業務提携を開始した[33]。出品者は、ヤマトグループによるフルフィルメント・サービス[34]またはピック & デリバリーサービスを利用できるようになる。出品者は条件によって自由にフルフィルメント事業者を選択できる

---

(33)　Z ホールディングスニュースリリース2020年3月24日「コマース・物流の強化に関する記者発表会」

(34)　Yahoo! ショッピングでは、確実に翌日に届き配送遅延率が一定以下の商品に「優良配送」のタグが付き、消費者の商品選択の目安となっている。ヤマト運輸のシステムとヤフーの管理ツールはつながっており、出店者がフルフィルメントサービスを使っていればほぼ優良配送のタグが付く。週刊東洋経済プラス2021年6月5日「ヤマトと心中、ヤフーの EC 責任者が激白」。

が、開始初日に1,000件を超える申し込みがあったという。2021年には、Yahoo! ショッピングと PayPay モール出品者向けに、EAZY 新料金の提供を開始した⁽³⁵⁾。

5.6　ネット通販事業者の LPF の革新性

5.6.1　迅速な LPF の整備

アマゾンジャパンが大都市圏を中心に自社配送体制を急速に整備する一方、モールを中心に運営する楽天、Z ホールディングスは相次いで宅配便事業者との戦略的提携を発表した。前者が物流事業者への依存を軽減するため自社 LPF の構築を急速に進めているのに対し、後者は宅配便事業者との提携を選択したことになる。

ここで注目されるのは、アマゾンジャパンが急速に自社 LPF を構築していることである。宅配危機に対して、ロボットや自動化機器を導入した FC に加え多数の DS を整備し、DP やアマゾンフレックスによる配送体制を整えた。前章でみた宅配便事業者のネットワーク拡大と比べても、驚異的な速さである。

アマゾンジャパンのロジスティクス体制の整備は、アマゾン本社の経験を海外展開する形で基本的に進められている。FC や DS 等の拠点ネットワークやラストマイルの自社化等は、米国での導入を後追いするように進めているが、市場環境の差異に応じて修正している部分も大きい。グローバル企業によるロジスティクスの海外展開として、極めて興味深い事例である。

---

(35)　楽天スーパーロジスティクスの配送料と比較して 2 割近く安いが、フルフィルメントとのセット料金である。週刊東洋経済プラス2021年 5 月23日「ヤフーの出店者が驚いたヤマトの格安配送」。

米国での自社配送戦力の主力は、専属のアマゾンデリバリーサービスパートナー（ADSP）である。アマゾンは、専用車両・施設等の斡旋、教育訓練の支援等、幅広い開業プログラムを提供し、ADSPの起業を支援している。日本では、参入に手間がかかるため、供給過剰気味の物流市場からトラック運送事業者を起用した方が早いという判断かもしれない。

　アマゾンフレックスについても、アメリカでは一般の自家用ドライバーを中心に幅広く募集している。その背景には、個人が空いた時間に単発の仕事を請け負うギグワークが普及し、配送分野でもUber freight 等、多くのクラウドソーシングが行われていることがある。一方、日本では、自家用車の利用は安全性の確保等の面から厳しく規制されているため、アマゾンジャパンも貨物軽自動車運送事業者に限定して募集している。

5.6.2　フルフィルメント・サービスの外販

　ネット通販事業者は、優れた配送サービスを安定的に提供するためにLPFを強化している。アマゾンジャパンは、それだけに留まらず、自社LPFを利用したFBAを外販することにより収益化を図っている。アマゾンジャパンは、もともと日本最大の直販型ネット通販事業者として膨大な商品を取り扱っており、そこにFBAが取り扱う商品が加わるため、その物流施設の規模は大手倉庫事業者に匹敵するほどになっている。

　アマゾンジャパンは、社内にロボティクス部門を抱え、最新のロボットや自動化機器を導入している。規模の大きさと自動化があいまって、アマゾンジャパンのロジスティクスの効率は極めて高いと推察される。それを利用するFBAの収益性は、物流事業者のフルフィルメント・サービスと比べて高いものと考えられる。

　出品者の側からは、FBA はフルフィルメント自体のサービス水準だけでなく、FBA を利用することによりプライムサービスの対象となるメリットが大きい。プライム商品として消費者により多く目に留まるなら、FBA 料金が多少高くても FBA を利用するかもしれない。このように FBA は、プライムサービスを通じて出品者を集める役割を果たしている。

　アマゾンジャパンに対抗するため、他のネット通販事業者はロジスティクス体制の整備を加速している。楽天市場や Z ホールディングスは、宅配便事業者と連携してロジスティクス体制を構築し、出品者に対してフルフィルメント・サービスを提供しようとしている。ネット通販事業者と宅配便事業者との連携によるロジスティクス体制の整備も、新たな動きとして特筆されよう。

参考文献
岡山宏之（2001）「ケーススタディ、アマゾンジャパン─ローカル化」『ロジビズ』5 月
角井亮一（2016）『アマゾンと物流大戦争』NHK 出版新書
角井亮一（2018）『すごい物流戦略』PHP ビジネス新書
角井亮一（2020）『物流革命』日本経済新聞社
経済産業省（2021）『電子商取引に関する市場調査報告書』
総務省（2021）『家計消費状況調査』
林克彦（2019）「ネット通販事業者の配送サービスと宅配便ラストマイルの変化」『日交研シリーズ』A-762
林克彦（2020）「アマゾンのロジスティクス・プラットフォーム」『日交研シリーズ』A-793
林克彦（2021）「小型貨物輸送市場における新展開とフィジカルインターネット」『日交研シリーズ』A-818
林部健二（2017）『なぜアマゾンは「今日中」にモノが届くのか』プチ・レトル
宮武宏輔（2017）「日本におけるネット通販物流の構造変化」『流通経済大学流通情報学部紀要』Vol.21、No.2
宮武宏輔（2020）「新型コロナがネット通販・消費者物流に与えた影響の初期

段階―2020年 3 月から 5 月の概況を中心に―」『流通経済大学流通情報学
　部紀要』Vol.24、No.2

劉亜氷（2018）「インターネット通販の物流に関する研究動向」『明大商學論叢』
　Vol.100、No.3

第 6 章

アマゾンの LPF 戦略

6.1 ロジスティクス革新

アマゾン・ドット・コム（以下アマゾン）は、ネットワーク効果が強く働くネット通販を中心に様々な事業を組み合わせた複合型ビジネスモデルを採用し、世界中で急成長を続けている。ネット通販やクラウドサービスでトップシェアを占め、デジタル・プラットフォーマーとして Google、Apple、Meta（旧 Facebook）等とともに独占規制が議論されるほどの規模に達している。

アマゾンは、創業当初からロジスティクスを重視し、物流事業者に依存するリスクを減らそうとしてきた。ロジスティクス・プラットフォーム（LPF）の構築を急ピッチで続け、現在その規模は UPS やフェデックス等の物流トップ企業に匹敵するほど拡大している。アマゾンは、フルフィルメント・サービスの外販で大きな売り上げを計上し、輸送サービスの外販まで開始している。小売業界ではアマゾンが破壊的な影響を及ぼしているが、物流業界でも同様な影響をもたらす可能性が議論されるまでになった[1]。

本章では、多様なビジネスモデルを組み合わせたアマゾンの複合型ビジネスモデルの概要を把握したうえで、アマゾンの LPF の発展の経緯を振り返る。LPF については、フルフィルメントセンターを中心とする物流施設の全国展開と、この拠点を利用した輸配送ネットワークに分けて紹介する。

アマゾンは様々な革新を起こしているが、ロジスティクスでは Amazon Prime、FBA（Fulfillment by Amazon）、Amazon Robotics、Amazon Flex、ADSP（Amazon Delivery Service Partner）、Amazon Air、

（1）　アマゾン・エフェクトが及ぶ分野として、物流、薬局、中小企業向け融資、保険等が挙げられている。CB Insights、2020年11月24日、"The 9 industries Amazon could disrupt next"。

Amazon Freight 等が挙げられる。これらがどのようにして導入されたか振り返りながら、LPF 全体の発展過程を明らかにする。

6.2　多様なビジネスモデルの複合化

6.2.1　マルチサイド・プラットフォーム

　マルチサイド・プラットフォームには、多様なユーザーが参加し、固有のビジネス・エコシステムが形成されている。需要サイドと供給サイドでは、ユーザー数が増えるほど効用が高まるサイド内ネットワーク効果が働いている。

　ネット通販では、需要サイドのユーザーが増えるほど商品レビューやレコメンデーションが集まり、マーケットプレイスの利用価値が高まる。一方、供給サイドでも、出品者や出店者の数が増えるほどマーケットプレイスの品揃えが豊富になる（図6.1）。

　さらに、需要サイドと供給サイドとの間でもネットワーク効果が働く。需要サイドの消費者にとって、供給者が多く豊富な品ぞろえであるほど魅力的なマーケットプレイスになる。一方、供給サイドの出店者にとっても、集客力の大きいマーケットプレイスほど販売機会が高まる。

　このようなサイド内・サイド間のネットワーク効果が働くため、マルチサイド・プラットフォームでは、勝者が市場を独占する WTA（Winners take all）が発生しやすい。

　マルチサイド・プラットフォームは、スポンサー（機能プラットフォーム）とプロバイダーに分割できる。スポンサーは、プラットフォームの技術と権利を持ち、その構成要素やルールをデザインする。一方、プロバイダーは、機能プラットフォームに製品やサービ

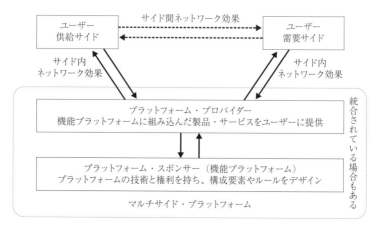

資料：Gawer（2009）、中田（2009）等より作成

図6.1　マルチサイド・プラットフォームのエコシステム

スを組み込み、ユーザーに提供する。

　例えば、PCではOS（Operating System）がスポンサーであり、ア
プリケーションソフトやPC組立てメーカーがプロバイダーに相当
する。Windows PCの場合、両者は分離し、多くのプロバイダーが
スポンサーを利用するオープン型である。一方、アップルは両者を
統合したクローズド型である。

　ネット通販の場合は、両者を統合したクローズド型である。アマ
ゾンは、マーケティング、決済、フルフィルメント等、複数の機能
プラットフォームを構築し、それを組み合わせてプラットフォー
ム・プロバイダーを構成し、ネット通販サービスを提供している。
さらに機能プラットフォームを利用して、クラウド、フルフィルメ
ント、広告、サブスクリプション等の事業を拡大している。

　ネット通販を除くこれらの事業は、マルチサイド・プラットフォー
ムではないが、プラットフォームにおける規模の経済を活用してい

る。第 3 章で述べたサプライチェーン、産業プラットフォームに相当
し、プラットフォーム・プロバイダーというよりもサービス・プラッ
トフォームといった方が適切である。

6.2.2　複合型ビジネスモデル

レイエ（2019）は、マルチサイド・プラットフォームと伝統的な
ビジネスモデルである小売・再販や製造と比較し、それぞれの強み
と弱みを明らかにしている。

マルチサイド・プラットフォームは、各サイド内のネットワーク
効果やサイド間のネットワーク効果によって、急速な成長が可能で
ある。一方、商品の調達、販売で出品者に依存するところが大きい
ため、伝統的な実店舗型の小売・再販と比べてサプライチェーンの
管理が困難である[2]。

アマゾンは、マルチサイド・プラットフォームを導入して急成長
を続ける一方、伝統的な小売・再販や製造モデルを組み合わせるこ
とにより、急成長と同時に安定的に利益を確保している。このよう
にビジネスモデルを組み合わせて、それぞれの強みを活かし弱みを
補う複合型ビジネスモデルを採用しているところに、アマゾンの特
徴がある（表6.1）[3]。

（ 2 ）　アマゾンは、2020年にマーケットプレイス出品商品のうち200万個を偽
　　造品と判断し押収した。偽造対策のため 7 億ドル以上投資し、 1 万人以上
　　を雇用している。Forbes、2021年 5 月10日、"Amazon blocked 10 billion
　　listings last year amid rising concerns over counterfeits"。
（ 3 ）　Isckia and Lescop（2009）は、アマゾンのビジネスモデルが創業時のサイ
　　バーブックストアからマーケットプレイス開始によりサイバーマーケット
　　へ、さらにウェブサービスの開始によりアプリケーション・サービス・プ
　　ロバイダーに拡大したことを指摘している。この戦略がオープンイノベー
　　ションの成功事例であったと評価している。

表6.1　各ビジネスモデルの強みと弱み

ビジネスモデル	マルチサイド・プラットフォーム	小売・再販	インプット・アウトプット（製造）
複数の顧客クループをつなぐ	強い	どちらともいえない	弱い
新市場の発見	やや強い	どちらともいえない	やや弱い
バリューチェーンの制御	やや弱い	強い	強い
顧客体験の制御	どちらともいえない	強い	強い
ロングテールの提供	強い	やや弱い	弱い
急成長の可能性	強い	どちらともいえない	やや弱い
管理の複雑さ	強い	どちらともいえない	やや弱い
アマゾンの取り組み	2000年マーケットプレイス開始 2007年アンドロイド用ソフトウェア（OS、アプリストア） 2014年ゲーム（ツイッチ）	1995年オンラインブックストア開業 2007年アマゾンフレッシュ 2011年映像配信 2015年アマゾンブック 2016年アマゾンゴー 2017年ホールフーズ買収	2002年クラウドサービス（AWS） 2005年出荷代行（FBA）、配送（プライム） 2007年家電（キンドル、エコー、ファイアフォン、ファイアタブレット、ファイア TV）

資料：レイエ（2019）に加筆

6.2.3　アマゾンによるビジネス複合化の動き

　1994年に創業したアマゾンは、翌年オンラインブックストアを開業した。自社で仕入れた書籍を直販する事業は、オンライン上に開設されているものの、供給サイドは自社のみであるため、伝統的な小売・再販ビジネスに分類される[4]。

　2000年、第3者に出品や出店を認めるマーケットプレイスを始めると品揃えが急拡大し、マルチサイド・プラットフォームの急成

（4）　レイエ（2019）。実際には、供給サイドは多数のサプライヤーにより構成され、サプライヤーはアマゾンに納入しようと激しく競い合っている。その結果、マーケットプレイスほど大きくないとしても、直販オンラインストアでもサイド内ネットワーク効果が働くと考えられる。

長が始まった。

　アマゾンは、ネット通販事業を支える基盤として情報、物流、マーケティング、決済等のマルチプラットフォームの構築を続けている。もともとこれらは社内の機能プラットフォームとして整備されてきたが、これを利用したビジネスを拡大している。

　2002年には情報プラットフォームを利用したクラウドサービス（AWS）、2005年には出品・出店者向けのフルフィルメント・サービス（FBA）と配送サービス（プライム）を開始した。

　これらの機能プラットフォームを活用した外販サービスは、専門事業者のサービスと比べて大きなメリットがある。最大のメリットは、自社直販事業とプラットフォームを共用することにより、膨大な固定費を案分できることである。割安な料金によって利用者が増えれば、プラットフォームを拡大して規模の経済によりさらに費用を低減できる。

　最近では、ネット通販の弱みである顧客体験の制御を補完するため、実店舗の整備を加速している。実店舗では、実際に商品を手に取り品質を確かめてから購入することができる。さらに実店舗は、温度管理が必要でスピード配送が求められる食品等の分散配送拠点として、LPF としても利用できる。

6.2.4　急成長の持続

　アマゾンは、複合型ビジネスモデルにより、急成長を続けている。アマゾンは、長期的視点を重視し、事業の基盤となるロジスティクスや情報、決済等のプラットフォームに先行投資を続けてきた。

　マルチサイド・プラットフォームであるネット通販市場では、圧倒的なシェアを占めるガリバー企業に成長した。先行投資を続ける

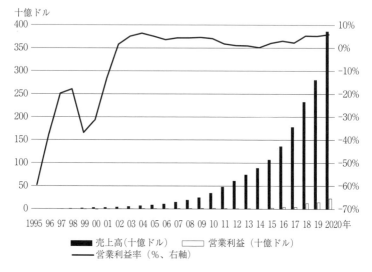

十億ドル

■ 売上高(十億ドル)	□ 営業利益（十億ドル）
― 営業利益率（％、右軸）	

資料：アマゾン年次報告書（10K）より作成。

図6.2　アマゾンの業績推移

クラウドやロジスティクスの分野でも、AWS と FBA は最大のシェ
アを確保している。

　アマゾンの売上高は、創業以来一貫して高い伸び率を記録し、
2019年には2,805億ドル（約31兆円）まで急拡大した。さらに、コロ
ナ禍では、ロックダウン等の厳しい規制により実店舗販売が影響を
受ける一方で、ネット通販需要が急増した。2020年の売上高は、
対前年比37.6％増の3,861億ドル（約42兆円）に拡大した。

6.3　複合型ビジネスモデルの構造

6.3.1　ビジネスモデル別売上高

　最近のアマゾンのビジネスモデル別売上高を年次報告書（フォーム10K）からまとめると、全事業の中で直販型のオンラインストアが最大の売上高を占めている（表6.2）。その売上高は急成長を続け、2020年には1,973億ドルに達した。

　マルチサイド・プラットフォームであるマーケットプレイスの売上高は、805億ドルとなっている。このなかには販売代行手数料、フルフィルメント・配送料等、その他出店者サービス料のみが含まれ、流通総額（GMV）は不明である。

　販売代行手数料は、毎月の定額登録料（大口出品サービスのみ）と成約時の定率販売手数料・カテゴリー成約料等から成る。フルフィルメントと配送は出品者が自由に手配できるが、出品者の多くはFBA を利用しており、その場合には FBA 料金がかかる。

　Bezos（2019）によれば、マーケットプレイスの流通総額は開始以来2018年まで、年平均52％もの急成長を遂げ、直販の成長率25％を大きく上回った。流通総額に占めるマーケットプレイスの比率は2018年に58％となり、直販を上回っている。直販の競合ショップが出品するマーケットプレイスがアマゾン急成長の立役者であり、その急成長を支えたのが FBA とプライムであった[5]。

（5）　マーケットプレイスの運営を通じて、出品者の販売や受発注情報等を入手できれば、それを直販商品の販売に活かすことができる。一方出品者には、データ独占による弊害が及ぶ。2020年 7 月の米国下院開催の公聴会で、アマゾンはマーケットプレイスの販売データを不正に PB 商品の開発に利用した疑いを追及された。日本経済新聞2020年 7 月30日。

表6.2　アマゾン連結売上高の推移（百万ドル）

ビジネスモデル	会計報告区分	2017年	2018年	2019年	2020年
小売・再販	Online stores (1)	108,354	122,987	141,247	197,346
小売・再販	Physical stores (2)	5,798	17,224	17,192	16,227
マルチサイド・プラットフォーム	Third-party seller services (3)	31,881	42,745	53,762	80,461
小売・再販、製造	Subscription services (4)	9,721	14,168	19,210	25,207
製造	AWS（Amazon Web Service）	17,459	25,655	35,026	45,370
その他	Other (5)	4,653	10,108	14,085	21,453
合計	Consolidated	177,866	232,887	280,522	386,064

(1) 商品とデジタルメディア含む。アマゾンプライムは（4）に含まれる。
(2) 実店舗で選択する商品の売り上げを含む。オンライン注文した商品を受け取る場合はオンライン販売に含まれる。
(3) 販売代行手数料（commissions）、フルフィルメント・配送料、その他出店者サービス料を含む。（注：流通総額ではない。）
(4) アマゾンプライム年・月会費及びデジタルビデオ、音楽、電子書籍等の会費を含む
(5) 主に広告収入
資料：アマゾン年次報告書（10K）より作成

　2017年から2019年にかけて AWS、Subscription Services、Others（主に広告）の売上高が2倍以上に拡大しており、ビジネスの複合度がより高まっている。いずれの分野でも競争企業に大きなプレッシャーを与えるほどの規模に急成長している。

6.3.2　ロジスティクス関連費用の急増

　アマゾンの連結営業利益の推移は、表6.3のようになっている。ビジネスモデル別売上高に対応する費用や利益については、同社年次報告書では開示されていない。

　費用面で注目されるのは、機能プラットフォームに係る費用が大きな割合を占めていることである。とくに LPF に係る費用としてフルフィルメント費585億ドル、輸送費611億ドル、合計1,196億ドルが計上されている。この額は営業費用の33％を占めており、ロジスティク

表6.3　アマゾン連結営業利益の推移（百万ドル）

	2017年	2018年	2019年	2020年
純商品売上	118,573	141,915	160,408	215,915
純サービス売上	59,293	90,972	120,114	170,149
純売上計	177,866	232,887	280,522	386,064
売上原価（1）	111,934	139,156	165,536	233,307
輸送費（2）	21,700	27,700	37,900	61,100
フルフィルメント費（3）	25,249	34,027	40,232	58,517
技術・コンテンツ費（4）	22,620	28,837	35,931	42,740
マーケティング費（5）	10,069	13,814	18,878	22,008
一般管理費	3,674	4,336	5,203	6,668
その他純営業費用	214	296	201	-75
営業費用計	173,760	220,466	265,981	363,165
営業利益	4,106	12,421	14,541	22,899

(1) Cost of sales。主に商品仕入代金と入出荷費用（inbound and outbound shipping costs）。アマゾンが輸送サービス提供時には仕分け・配送センター関連費用を含む。ビデオ、音楽等、デジタルメディアコンテンツ費用を含む。サプライヤーからの商品受取時の送料は在庫に含まれ、顧客販売時に輸送費になる。決済手続き・関連処理費は（3）に含まれる。
(2) Shipping costs には、仕分け・配送センター、輸送に係る費用が含まれる。
(3) Fulfillment には、主に北米・国際部門のフルフィルメントセンター、実店舗、カスタマーセンターに係る運営・人件費。購買・受入・検品・倉庫在庫関連費用、ピッキング・包装・発送費用、決済処理費、顧客の要求に対処する費用、自社電子デバイスの SCM 関連費用等含む。フルフィルメントとカスタマーサービスを支援するサードパーティへの支払費用を含む。
(4) Technology and content には、新製品・サービス、既存製品・サービスの研究開発、店舗の開発・設計・維持、オンラインストアの商品・サービスの収集・整理・展示、インフラに係る費用。インフラ費用には AWS とその他事業に必要なサーバー・ネットワーク機器・データセンターに係る減価償却、賃料等含む。
(5) 広告費、マーケティング活動に関わる人件費、AWS 関連販売手数料。
資料：アマゾン年次報告書（10K）より作成

スに莫大な費用をかけていることが分かる。ここ数年の増加率は極めて高く、とくにコロナ禍の2020年には対前年比で、フルフィルメント費45％増、配送費61％増と極めて高い伸びを示している。

　情報プラットフォームに関連深い技術・コンテンツ費は427億ドル、マーケティング・プラットフォームに関連するマーケティング費は220億ドルとなっており、いずれも急増が続いている。

営業費用の急増にも関わらず、それを上回る売上増加が続いており、アマゾンの連結営業利益は2018年には100億ドルを超え、2020年には過去最高の229億ドルを記録した。かつてアマゾンは投資が先行し儲からない会社とされてきたが、機能プラットフォームへの巨額の投資が大きく結実している。

6.3.3　セグメント別営業利益

アマゾンの複合型ビジネスを構成する各ビジネスの収支については、開示されていない。各営業費用項目は関連ビジネスとの結びつきが強いものの、機能プラットフォームの特性として他のビジネスでも利用されるため、計算は困難であろう。

年次報告書では、セグメント情報として表6.4が記載されているのみである。AWS は極めて収益性が高く、総営業利益の59.1%を占めている。AWS を除いた国内外別では、北米で87億ドルの営業

表6.4　セグメント別営業利益の推移（百万ドル）

セグメント		2017年	2018年	2019年	2020年
北米	純売上	106,110	141,366	170,773	236,282
	営業費用	103,273	134,099	163,740	227,631
	営業利益	2,837	7,267	7,033	8,651
国際	純売上	54,297	65,866	74,723	104,412
	営業費用	57,359	68,008	76,416	103,695
	営業利益（損失）	-3,062	-2,142	-1,693	717
AWS	純売上	17,459	25,655	35,026	45,370
	営業費用	13,128	18,359	25,825	31,839
	営業利益	4,331	7,296	9,201	13,531
合計	純売上	177,866	232,887	280,522	386,064
	営業費用	173,760	220,466	265,981	363,165
	営業利益	4,106	12,421	14,541	22,895

資料：アマゾン年次報告書（10K）より作成

黒字を計上し、これまで赤字が続いていた国際部門も黒字に転換している。

6.3.4　機能プラットフォームを利用した複合ビジネス

　アマゾンの複合型ビジネスは、マーケティング、フルフィルメント、決済、情報等の機能プラットフォームのうえで、リテール、マーケットプレイス、AWS、広告、サブスクリプション等のビジネスを展開していることに特徴がある（図6.3）。売上高は開示されていないものの、FBA のようにロジスティクスも事業展開している。

　マーケットプレイスは、マーケティング、フルフィルメント、決済、情報等、複数の機能プラットフォームに立脚したプラットフォーム・プロバイダー事業である。この事業は、需要サイド、供給サイド、それぞれの内部とサイド間で大きなネットワーク効果が働くマルチサイド・プラットフォームである。

　リテールもマーケットプレイスと同様に、複数の機能プラットフォームを利用している。従来の実店舗型の小売では、店舗での品揃えや物流等で物理的な制約があるため、多くのメーカーや卸売業者から商品を仕入れることはできなかった。このため、実店舗型小売の供給サイド内でネットワーク効果が働きにくかった。しかし、ネット通販では、物理的な制約が小さいため、アマゾンは直販でも膨大なサプライヤーから商品を仕入れている。レイエ（2019）によればリテール事業はマルチサイド・プラットフォームに分類されないが、実際上ネットワーク効果は大きい。

　アマゾンの販売サイトでは、直販とマーケットプレイスの商品が同じページに配置され、品揃えが非常に豊富である。両者が競って商品を販売することにより価格が低下し、それを目当てに消費者が集まってくる。つまり、リテールとマーケットプレイスとの並営に

147

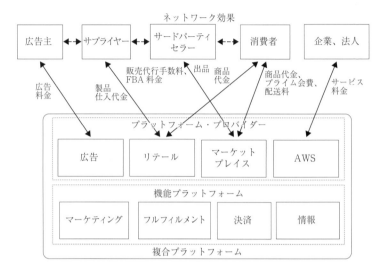

資料：アマゾン年次報告書（10K）等より作成

図6.3　複数の機能プラットフォームを利用した複合型ビジネス

より相乗効果を発揮させ、より強力なネットワーク効果を働かせることができる。

　AWSは、もともと社内管理用の情報プラットフォームを拡張して、クラウドコンピューティングサービスを外販するビジネスである。他社に先駆けてサーバー能力を拡大し、低廉な料金でサービスを提供することにより、この分野で世界第1位のシェアを占めている[6]。アマゾンのビジネスのなかでも、最大の利益を上げている。

　AWSのように機能プラットフォームを拡張して外販ビジネスを

（6）　2020年第4四半期のクラウドサービス市場の約32％をAWSが占めている。第2位のMicrosoft約20％、第3位のGoogle約9％を大きく上回っている。Synergy Research Group、2021年2月2日、"Cloud market ends 2020 on a high while Microsoft continues to gain ground on Amazon"。

展開する事業戦略は、フルフィルメントを拡張したロジスティクスにも当てはまる。これまでロジスティクスは、サードパーティセラーに対する FBA として提供してきたが、後述のように輸配送分野でも事業を拡大している。

6.4　LPF の発展過程

6.4.1　Customer-centric 追求のためのプライムサービス

アマゾンは、創業当初から同社年次報告書の冒頭に「地球でもっとも顧客を中心に置く企業になることを目指す」と明記している。消費者に対して「低価格、迅速かつ無料配送、利用しやすい機能、タイムリーな顧客サービスを提供することを追求する」としており、当初からロジスティクスを重要視している[7]。

2005年には、アマゾンプライム（会員サービス）を開始し（日本では2007年）、年会費79ドル（同3,900円）を支払えば、送料無料で翌々日配送または、3.99ドル／回で翌日配送サービスが利用できるようになった。その後、動画配信、電子書籍読み放題（2011年）等、配送以外にも会員サービスを拡大していった。

2014年には、年会費を99ドルに値上げし、音楽ストリーミングを提供するようになった。その翌年、ニューヨークでプライム・ナウを開始し、配送料7.99ドルで 1 時間以内、 2 時間以内なら無料のスピード配送を開始した。その後も、プライムデー（特売イベント、2015年）、ダッシュボダン、アマゾン・パントリー（2016年）、プライ

（7）　原文はそれぞれ以下の通り。"We seek to be Earth's most customer-centric company."、"We seek to offer our customers low prices, fast and free delivery, easy-to-use functionality, and timely customer service."

ム・ワードローブ（試着後、送料無料で返品可、2017年）、アマゾン・キー（スマートキーで留守時にも玄関内配送、2017年）、カーデリバリー（2018年）等、会員サービスを拡充してきた。

2018年には、年会費を119ドルに値上げしたが、翌年には全米で翌日配送を無料化した。さらに主要44都市で生鮮品の当日配送を無料化（アマゾンフレッシュ、ホールフーズ）した[8]。

プライム会員数は、2019年に世界で1.5億人を超え、その会費収入は安定的な収益源となっている。Music、Video 等の配信サービスの会費も含めた Subscription services の売上高は192億ドルに達している。コロナ禍の2020年には、その売上高は252億ドルに急増し、会員数は2億人を越えた。

6.4.2　サプライチェーン・プラットフォームの構築

6.4.2.1　自社ロジスティクス体制の推進

アマゾンは、「迅速かつ無料配送」を実現するため、ロジスティクスに膨大な先行投資を行ってきた。当初はアマゾン社内の内部プラットフォームとして、FC とその川下のラストマイルのネットワークの整備を進めた。

サプライヤーからの商品納入量が増大すると同時に、サードパーティセラーの FBA 利用が拡大すると、川上のインバウンド・ロジスティクスの整備が進められるようになった。これは視点を変えれば、サプライヤーから消費者まで、アマゾンが主導してサプライチェーン・プラットフォームを構築することである。

（8）　経済産業省（2020）によれば、アマゾンは消費者がオンラインで注文してから商品を入手するまでの平均日数を、2016年12月時点の4.2日から2019年9月時点の2.5日まで短縮した。2019年時点で他社は5.3日となっており、アマゾンは配送スピードで圧倒的に優位に立っている。

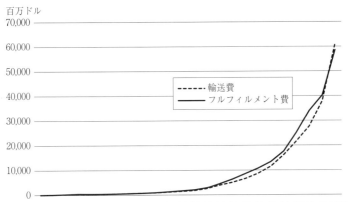

百万ドル

注：輸送費、フルフィルメント費については表6.3注参照。
資料：アマゾン年次報告書（10K）より作成

図6.4　アマゾンのロジスティクス関連費用（百万ドル）の推移

　ネット通販業界におけるアマゾンのシェアが巨大であることを考えれば、ネット通販産業のLPFと捉えることができるかもしれない。

　アマゾンのLPFの急速な発展は、フルフィルメント費と輸送費の急増からも窺われる（図6.4）。FBA開始や、全国へのFC展開本格化、サプライチェーン統合化、コロナ禍のラストマイル整備等によって、指数関数的に増えている。

　フルフィルメント費は、フルフィルメントセンター（FC）、実店舗、カスタマーセンターに係る運営・人件費であり、在庫関連費用、ピッキング・包装・発送費用、決済処理費等で構成される。一方、輸送費は、仕分け・配送センター、輸送に係る費用が含まれる。LPFにおけるFC等物流施設に関わる費用がフルフィルメント費、ラストマイルや物流施設間の輸送に係る費用が輸送費に相当する。以下、物流拠点と輸配送ネットワークに分けて、アマゾンの

LPF 発展の過程を把握する[9]。

6.4.2.2　大都市周辺への大規模 FC の整備

消費者の多様な注文に対し欠品することなく即納するためには、発注頻度の低いロングテール商品まで含めて膨大なアイテムの商品を在庫しておくことが必要になる。アマゾンは、そのような機能を持つフルフィルメントセンター（FC）の整備を創業直後から開始した。

1997年にシアトルとデラウエアに FC を整備後、ネバダ、ケンタッキー、ジョージア等に拡大していった。当初の FC 立地選択では、州税制の差異を利用して低価格で販売できることが重視された。このため、FC が店舗として分類されず売上税の徴収義務がない州や、雇用促進等のため FC を誘致する州に FC を設置し、そこから全国に配送していた。

しかし、ネット通販事業者と実店舗事業者との競争格差をなくすため、売上税の課税根拠を拡大する州が増えるなど、全国で税制の調和が進められるようになった。2013年以降、アマゾンはスピード配送と配送効率を重視するようになり、大都市周辺に巨大 FC を続々と整備するようになった。

6.4.2.3　FC 機能の高度化

取扱商品の拡大や販売額の増大に伴い FC の規模や数が拡大するとともに、FC 機能の分化と高度化が進んだ。書籍や CD、DVD といった段ボール箱に入る小型商品は、sortable center で取扱い自動化を進めるようになった。現在は10kg 未満の商品を扱う small sortable

---

（9）　以下、MWPVL（2022a, 2022b）Rodrigue（2020）等を参照。Rodrigue（2020）は、アマゾンの物流施設整備の段階を、①ニッチ EC（創業〜2004年）、②EC プラットフォームへの多様化（2005〜2009年）、③水平統合（2010〜2015年）、④EC の垂直統合（2016〜2019年）に分類している。

とそれ以上25kg未満の商品を扱う large sortable に区分されている。

一方、25kg 以上の家具、家電製品、アウトドア用品等の商品は non sortable center で扱われている。これら商品は、パレット単位の荷役、保管がメインとなり、sortable center と比べて自動化が難しい。

この他に、アパレル、貴重品等の特定商品に特化した FC も整備されている。米国では返品率が非常に高いため、返品された商品の検品、仕分け、補修、リサイクル、廃棄等のための専用リターンセンターが整備されている。

アマゾンは、早い時期から sortable center を中心に FC の自動化や機械化に取り組んでいる。2012年には、ロボット開発の Kiva Systems（2015年 Amazon Robotics に改称）を買収し、物流ロボットの開発と生産を行い始めた。アマゾンの sortable FC 1 カ所で棚を自動的に運ぶ自律走行ロボットが約3,000台利用され、2020年現在世界のアマゾンの FC 全体で約20万台が導入されている。

なお2014年には、Amazon Logistics が設立され、ロジスティクスの管理組織が明確にされている。2016年年次報告書からは、現在あるいは潜在的な競争者として、営業・自家用問わずフルフィルメントとロジスティクスサービスを提供する企業を掲げるようになった。これ以降、アマゾンはロジスティクスをコストセンターではなく、プロフィットセンターとして明確に位置付けるようになったといえよう。

6.4.2.4　分散型配送拠点の整備

配送時間を短縮し配送費用を削減するためには、大規模 FC よりもさらに消費者に近接した場所に分散型配送拠点が必要になる。アマゾンは、クロスドック型の DS（Delivery Station）を全国各地に急ピッチで整備を進めている。DS は、特定地域の配送ルート別に仕

分ける役割を果たしている。

　DSへは、FCに隣接・併設したSC（Sortation Center）で郵便番号別に仕分けてから継送される。もともとSCは2013年に、配送費用を削減するため、郵便番号別に仕分けて各地の郵便局にまとめて送るために設けられた[10]。やがて配送の自社化を進めるため、各地の地場運送業者の拠点やDS別にも仕分けるようになった。SCは独立して設けられるものばかりではなく、FC内にSC機能を持たせている場合等も多い。

　DS以外にも、2014年からプライム会員向けの当日配送専用 Prime Now Hub の整備を大都市で進めている。対象商品は限定されるが Prime Now Hub で在庫を保有することにより、注文から1時間以内に配送するなどスピード配送競争の最前線になっている。

　自宅以外の受け取り拠点としては、Amazon hub が設けられている。ショッピングセンター等の便利な場所に店舗型の受取拠点やロッカーが設置されている。

　他の商品とは異なる物流経路になるが、迅速な配送を売り物とする Amazon Fresh と Amazon Pantry でも分散型配送拠点が設けられている。前者は温度管理が必要な生鮮品・食品を、後者は日用品を対象としている。これらの施設はDSと共通する立地特性があるため、共用施設としている場合がある。

6.4.2.5　インバウンド拠点の整備

　FCには、サプライヤーやFBAを利用する出品者から大量の商品が搬入されるようになった。この受入物流を効率化するため、

（10）　国土の広い米国では長距離運賃が高い。このため、全国向けに大量の小包をまとめて差し出すよりも、各地の郵便局別に仕分けてまとめて送り、その郵便局から配送した方が、費用が安くなる。このような方法を Zone Skip と呼んでいる。

2007年に最初のIXD（Inbound Cross Dock）が整備された。

　IXDは、海外サプライヤーからの商品受入、ブレークバルク、在庫等の機能を担い、国内商品の集中在庫や補充拠点としても利用されている。コンテナのドレージ（横持ち）費用を削減するため、主要港湾や鉄道貨物駅周辺に隣接して立地している。貸切トラック（FTL）単位に商品をまとめたうえで、各地のFCに輸送される。

6.4.2.6　サプライチェーン・プラットフォームの現状

　アマゾンは、上記のように国内外から調達した商品と出品者が販売する商品を、全米の消費者に届ける巨大なサプライチェーンネットワークの構築を進めてきた。概要は下図のようになるが、複数機能を併せ持つ拠点があるなど実際の流れは複雑である。

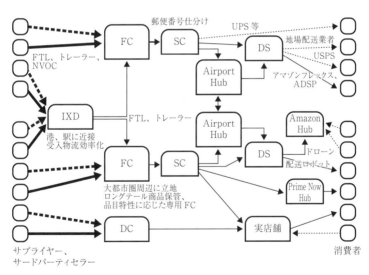

資料：MWPVL（2022a）等より作成

図6.5　アマゾンのサプライチェーン・プラットフォーム

MWPVL（2022a）によれば、2021年末時点の物流拠点数はIXD 23カ所、FC 293カ所、食品・生鮮食品用FC 22カ所、ホールフーズ等実店舗向けDC 12カ所、SC 76カ所、DS 614カ所に及んでいる。

6.4.3　自社輸配送ネットワークの整備

6.4.3.1　物流事業者への依存リスク

　アマゾンは、創業当初から自社で物流拠点の整備・運営を進めてきたが、輸配送については全国ネットワークを持つ郵便やエクスプレス事業者に委託してきた。しかし、2004年の年次報告書で、限られた数の物流事業者に依存していることを経営上のリスク要因として挙げた。以後、今日まで毎年このリスク要因を挙げ、その対応を進めている。

　全米の消費者に配達できる物流事業者は、UPS（United Parcel Service）、フェデックス、USPS（The United States Postal Service：米国郵便公社）の3社に限定される。各社のサービスは、ピーク期の遅配や運賃値上げが続き、依存リスクはしばしば現実のものになった。

　とくに2013年クリスマスシーズンには、急増した配送需要に委託事業者の配送能力が追い付かず、大量の遅配が生じた。これを契機に、アマゾンは急ピッチで自社輸送ネットワークの整備を進めるようになった。

6.4.3.2　クラウドソーシング、マッチングの導入

　全国ネットワークを持つ物流事業者に依存しないようにするには、FCだけでなく全国各地に分散型配送拠点を整備する必要がある。前述のようにアマゾンは、まず大都市圏にDSやPrime Now Hubを整備し、各地域内に配送ネットワークがある地場の物流事業者に配送を委託するようになった。

　2015年には、クラウドソーシング（crowd sourcing）方式による Amazon Flex を導入し、自社配送体制を本格的に構築し始めた。Amazon Flex では、ドライバーがアプリをスマホにダウンロードして、都合のいい時間帯を選んで配送する。アプリで荷物の受渡や配送ルートの表示等の業務支援が行われ、個人でも配送業務が可能なように設計されている。Amazon Flex の参加条件は大型車両やスマホを所有する成人等であり、大勢のギグワーカー（gig worker）を集めている。

　2016年には、全国に整備した IXD、FC、DS 等の物流拠点間の幹線輸送ネットワークの自社化を開始した。アマゾンは、アマゾン・ロジスティクスを米国連邦自動車安全局（FMCSA）に Freight Broker として登録した。大手 Load Board（貸切トラックマッチングサイト）の DAT Solutions に登録し、自ら利用運送やマッチングにより輸送力確保と運行管理を手掛けるようになった。

6.4.3.3　ADSP による専属輸送事業者の育成

　アマゾンは、2018年に ADSP（Amazon Delivery Service Partner）を開始し、専属配送業者（従業員100人、車両20〜40台程度）の育成を育成を行った。アマゾンが車両、保険、モバイル機器、3 週間のトレーニング、ツールキット、オンデマンドサポート等を低価格で提供することにより、1 万ドル程度の初期投資で開業可能という[11]。退役軍人や自社従業員等を勧誘したり、ホームページで広範に募集したりするなどして、短期間で ADSP を大量に育成している。ADSP は、アマゾンリース車両（ロゴ入り）を用いて、主に DS からラストマイルを分担している。

　アマゾンがメルセデスに専用バンを 2 万台発注するなど、ADSP

（11）　https://logistics.amazon.com/。2022年 1 月閲覧。

の輸送力は急拡大している[12]。一方、サービス水準を満たさない ADSP のなかには契約を解除され、ドライバー1,300人が失業する ケースが生じるなど、サービス水準を厳しく管理していることが報 道されている[13]。

6.4.3.4　国際海上輸送への進出

　直販商品やサードパーティセラー商品の多くは、アジアを中心に 海外から輸入されている。その取扱量は急増を続け、アマゾンは輸 入商品専用の IXD をロサンゼルス港周辺等に整備してきた。

　アマゾンは、海上輸送についても自ら手掛け始めている。アマゾ ンの中国現地法人である北京世紀卓越快逓服務は、米国海事委員会 （FMC）から NVOCC（非船舶運航公共運送人）と国際フォワーダーの 免許を取得した[14]。中国は、直販商品の最大の輸入先であり、多 数のサードパーティセラーが出品している。

　中国の出品者は、北京世紀卓越快逓のフォワーディングサービス を利用することにより、米国の IXD までより効率的に海上輸送 し、国内ネットワークに載せることができるようになった。そのコ ンテナ取扱量は月間 1 万本以上となり、太平洋航路での取扱量は トップ 5 に入るほどになった。

　コロナ禍で海上コンテナ輸送が大混乱し輸送スペースが確保でき なくなると、アマゾンは独自に船舶のチャーターを開始した。オー プンハッチ型バルカー船をチャーターして、中国から西海岸ほど混

---

(12)　The Wall Street Journal、2018年 9 月 5 日、"Amazon orders 20,000 Mercedes-Benz vans for new delivery service"。

(13)　Seattle Times、2020年 2 月14日、"Amazon axes delivery partners in U.S.; hundreds of jobs cut"。

(14)　Flexport blog、2016年 1 月14日、"Introducing ocean freight by Amazon: Ecommerce giant has registered to provide ocean freight services"。

雑していないガルフ向けに53フィートコンテナ200本を輸送した。アマゾンは、世界中で不足している海上コンテナについても、中国で5,000〜10,000本生産し、自社専用コンテナとして利用している[15]。

6.4.3.5　アマゾン・エア

米国国内の航空貨物輸送市場は、フェデックスと UPS による寡占状態にある。アマゾンは両社への依存度を下げるため、自社専用便の運航を貨物航空会社に委託してきた。貨物航空会社 Amazon Prime Air（後に Amazon Air に改称）を設立し、2016年から Air Transport Services Group からのリースにより B767F20機の運航を開始した。シンシナティ空港をハブとし、運航体制を拡大している。

2019年にアマゾンは、フェデックスとの国内輸送契約を打ち切った。マーケットプレイス出品者に対しても、フェデックスの利用を控えるよう伝えた。

コロナ禍で輸送力が逼迫するなか、Amazon Air は自社運航体制を急拡大し、2021年 8 月時点で75機を42空港に就航させている。フェデックスの467機、UPS の284機と比べまだ輸送能力は限られているものの、人口の70％が発着空港100マイル内に収まるほどのネットワークに拡大している。2020年には、ドイツのライプチヒ空港にハブ施設を開設し、国際線の運航を開始している。

これまでは他社からのリースによる運航であったが、2021年には自社購入機11機を導入する計画を発表している。デルタ航空とウエストジェットからそれぞれ旅客機 B767-300を 7 機、 4 機を調達し、貨物専用に改修を進めている[16]。

（15）　CNBC、2021年12月 4 日、"Amazon is making its own containers and bypassing supply chain chaos with chartered ships and long-haul planes"。
（16）　CNBC、2021年 9 月 4 日、"This map shows how Amazon is rapidly growing its air fleet across the U.S."。

6.5 ロジスティクス・ビジネスの拡大

6.5.1 マーケットプレイス成長を加速した FBA

アマゾンは、当初は自社専用の内部機能プラットフォームとしてフルフィルメントを整備していた。2000年にマーケットプレイスを開始しても、当初は出品者にフルフィルメント・サービスを提供しなかった。マーケットプレイスで直販と同じ配送サービスを提供することは、敵に塩を送ることになり、直販商品の販売が減る可能性があったためである[17]。

しかし、アマゾンは方針を転換し、2005年に FBA を開始した。FBA 導入によりマーケットプレイス出品を容易にし、供給サイド内のネットワーク効果を促進して成長を加速することを優先したのである。

マーケットプレイスの供給サイドで、出品者は自らフルフィルメントを手掛けなくても、アマゾンの FC に商品を在庫し、注文処理、配送、出荷等を委託できるようになった。費用面でも、出品者が独自に FC を整備する場合には巨額の固定費が発生するが、FBAでは利用量に応じた変動費として処理することができる。FBA 利用でプライム会員の配送特典の対象となり、消費者への訴求力も向上できる。

消費者は、豊富になったプライム商品の品揃えのなかから、より早く商品を入手できるようになった。このようにして FBA は、マーケットプレイスのネットワーク効果を強化する役割を果たすようになったのである。

---

(17) Lai, et. al. (2018) は、FBA 外販による直販への影響を検討している。

6.5.2　ビッグビジネス化する FBA

　マーケットプレイスの急成長によって、FBA の売上高は急増している。アマゾンは、FBA を利用するサードパーティセラーから、配送、在庫保管、梱包、返品等の代行手数料を FBA 料金として受け取っている。ネット通販市場でアマゾンはガリバー的地位にあり、その出品者が利用する FBA はビッグビジネスに成長している。

　FBA は、物流事業者が提供するフルフィルメント・サービスと同じものである。しかし、サードパーティセラーが他のフルフィルメント・サービスを利用する誘因は乏しい。FBA を利用すれば、プライムサービスの対象となるためである[18]。

　サードパーティセラーのなかには、アマゾンへの過度の依存を避けるため、DtoC（Direct to Consumer）や他のネット通販サイト等の複数のチャネルで販売するものも多い。アマゾンは、そのような出店者に対し、在庫を一元管理し一括してフルフィルメントを受託する FBA Multi Channel を提供している。

　アマゾンと競合する eBay 等のモール型事業者や、EC サイト運営を支援するショッピファイ等の事業者は、フルフィルメントが手薄である。このため、これらのサイトから購入しても、出店者が FBA Multi Channel を利用しているために商品がアマゾンの FC から配送されることも多い[19]。

（18）　井畑陽平『デジタル時代の競争を考える（8）　GAFA 巨大化と「独占の
　　　テコ」』日本経済新聞2021年 4 月19日。マーケットプレイスにおける優位
　　　性をテコとして、フルフィルメント・サービスでも有利な立場に立とうと
　　　する「独占のテコ」の可能性を指摘している。
（19）　CNBC、2021年 9 月 4 日。"Amazon is now shipping cargo for outside
　　　customers in its latest move to compete with FedEx and UPS"。

FBA Multi Channel によって、FBA はネット通販事業者が共同で利用する機能プラットフォームの役割さえ果たすようになった。FBA を利用する出店者が増えて FBA 取扱量が増加し、AWS のように規模の経済が働くとすれば、フルフィルメント費用は低下する。優れたフルフィルメント・サービスが安い費用で利用できるようになれば、出品者にとっても消費者にとっても望ましいことかもしれない。しかし、フルフィルメント・サービスを提供する物流事業者が淘汰されていけば、将来的に FBA 独占による弊害が生じる可能性もある。

6.5.3 大手物流事業者に匹敵する自社配送能力

アマゾンは、急ピッチで自社配送体制を整備し、物流事業者への依存を軽減してきた。2019年には、アマゾンの出荷個数33億個のうち半分以上の19億個を自社配送したと推定されている。2020年は、コロナ禍で出荷個数が爆発的に増加し70億個になったが、その約6割の42億個を自社で配送したとされる[20]。

2020年における小包取扱量は、アメリカ国内全体で202億個と推定されているが、アマゾンはその2割を占める個数を配送した。各社の取扱個数を比較すると、アマゾンはフェデックスを抜き、USPS、UPS に続く第3位を占めた[21]。

アマゾンの小包配送からの売上は倍増し、180億ドルになったと推定されている。アマゾンは、取扱個数でも売上高でも、巨大な物

---

(20)　Pitney Bowes Parcel Shipping Index 2021による推定個数（発表元は郵便計器大手企業）。

(21)　前同参照。B to B、B to C、C to B、C to C 含む重量31.5kg 未満の小包（Parcel）の取扱量。この4社で全取扱量の99％を占めている。米国には宅配の概念はなく、小包、エクスプレス、クーリエ等と呼ばれている。

表6.5　主要事業者別小包輸送量（億ドル、億個、ドル／個）

事業者		2019年	2020年	伸び率
USPS	売上	237	330	39%
	取扱個数	57	76	34%
	運賃単価	4.2	4.3	4.4%
UPS	売上	522	600	15%
	取扱個数	44	49	13%
	運賃単価	11.9	12.2	3.2%
フェデックス	売上	460	580	26%
	取扱個数	27	33	22%
	運賃単価	17.0	17.6	3.2%
Amazon Logistics	売上	86	180	109%
	取扱個数	19	42	127%
	運賃単価	4.5	4.3	-5.3%
小包合計 （上記以外含む）	売上	1,326	1,710	29%
	取扱個数	148	202	37%
	運賃単価	9.0	8.5	-5.6%

出所：Pitney Bowes Parcel Shipping Index 2021

流企業に急成長した。売上規模では、他社と比べて小さいものの、伸び率では抜き出ている。

　アマゾンの小包配送からの売上が取扱個数と比べて小さいのは、運賃単価が安いためである。アマゾンの配送料は、プライム会員以外は注文毎に支払うが、会員の場合には年または月会費に含まれ、何回利用しても会費は変わらない。コロナ禍で、プライム会員が増加し会員の利用回数が増加したため、運賃単価は低下した[22]。一方、他社は、輸送需要急増に応対し輸送力を増強する原資とするため、運賃を値上げしている。

---

(22)　会員制のサブスクリプション契約は、ネット通販事業者にとって販売促進効果が高い。一方、配送回数が不必要に増えたり利用者間の公平性が損なわれたりする問題が生じる。

アマゾンは、配送事業について、従来からの目的である物流企業からの独立性を重視し、まだ採算性はそれほど重視していないかもしれない。また複合ビジネスモデルを運営する立場から、直販やマーケットプレイスでの商品販売価格（送料込み価格）を値上げせずに市場シェアを拡大することを、配送事業の採算性より優先している可能性も高い。

6.5.4　輸配送サービスの外販

　物流事業者依存から脱却するためアマゾンが構築してきた輸配送ネットワークは、大手物流事業者に匹敵するほどの輸送力を持つようになった。これまでアマゾンは、この輸送力を利用して自社や出品者の荷物を配送してきたが、ついに一般荷主企業向けの輸配送サービスを開始した[23]。

　2018年アマゾンは、マーケットプレイス出品者だけでなく、一般向け輸配送サービスとして Amazon Shipping を開始した。ロサンゼルス等で開始した、このサービスは、契約によっては UPS と比較して50％安い[24]。

　2020年には、53フィートトレーラー専門の貸切輸送サービス Amazon Freight を特定の輸送ルートで開始した。一般荷主企業はオンラインで、アマゾン所有と輸送業者のトレーラー30,000台以上を利用することができる[25]。大量の自社荷物をベースカーゴとし

---

(23)　Dablanc（2019）は、ネット通販物流では、ネット通販事業者の配送能力が拡大し、伝統的な物流事業者との区分が難しくなっていることを指摘している。そのようなネット通販事業者の物流事業展開の例としてアマゾン・ロジスティクスやイギリスの Shutl（イーベイが買収）を挙げている。

(24)　CNBC、2018年11月9日、"Amazon is offering 50 percent cheaper shipping than UPS for some sellers"。

(25)　https://freight.amazon.com/。2022年1月閲覧。

て輸送しているアマゾンは、往復バランスや季節変動等の面で積載効率が低い場合には、競争力の高い運賃で輸送サービスを提供できると考えられる。

　新型コロナウイルスの影響により取扱能力が逼迫したため、Amazon Shipping は2020年に休止している[26]。しかし、FBA や AWS で内部のプラットフォームを拡張して外販サービスを開始したように、ネット通販需要が落ち着けば輸配送サービスの外販を拡大する可能性が高い。

6.6　アマゾンの LPF の革新性

　アマゾンは独自の複合型ビジネスモデルで急成長を続けている。フルフィルメントは、マーケティング、決済、情報と並ぶ内部プラットフォームとして重要な役割を果たしている。アマゾンは、物流事業者への依存を断ち切るため LPF の整備を進めているが、その規模は大手物流事業者と並ぶほどに成長し、アマゾンエフェクトが物流産業に生じることさえ危惧されている。

　アマゾンは、経営指針のひとつである長期的思考（long-term thinking）に基づき、LPF に巨額の投資を続けている。テクノロジープラットフォーマーとしてアマゾンは豊富な資金を集め、なかでも最近では AWS 部門が巨額な利益を計上し続けている。成熟した物流事業者では、とても太刀打ちできない規模の投資がロジスティクス革新を生み続けている。

　アマゾンの LPF は、ネット通販事業全体の産業 LPF として革新

---

(26)　Reuters、2020年 4 月 8 日、"Amazon to suspend delivery service competing with UPS, FedEx"。

的である。FBA は、内部 LPF を直販だけでなく出品者、さらには Multi Channel を通じて他のサイト出品者にまで提供している。

　同時に、川上まで含めたサプライチェーン LPF としても革新的である。海外を含め膨大なサプライヤーやサードパーティセラーが、アマゾンのサプライチェーン LPF を利用して消費者に商品を販売している。これまで卸売業者や輸入業者、物流事業者が分業していたサプライチェーンを、アマゾンは LPF として統合したのである。

　アマゾンがサプライチェーンを統合できた理由は、マーケットプレイス事業者として消費者と販売者の両サイドの情報を入手できること、テクノロジーカンパニーとして膨大なデータを活用して事業活動の最適化を図っているからである。アマゾンは、FC の機械化やロボット化を進め、リアルタイム情報やビッグデータを利用して効率的な運営を図っている。同様に輸配送分野では、シェアリングやマッチングを導入することにより、ネットワークの輸送力を需要に合わせて調整している。限られた情報しか持たない物流事業者や卸売業者には追随不可能とすら思えるほど、革新的である。

6.7　LPF の課題

　アマゾンの LPF でも、ロジスティクス固有の労働集約性に起因する課題は避けられない。FC 等物流施設の運営やラストマイルでは、大量の労働力に依存している。アマゾンは時給値上げや奨学金支給等の労働条件改善を続け、膨大な従業員を確保している。

　FC では自動化やロボット化が進められているものの、輸配送分野では労働力に依存せざるを得ない。フルタイム労働者に依存する伝統的な物流事業者が労働力確保に苦慮しているのに対し、アマゾ

ンは Amazon Flex や ADSP によって膨大なドライバーを集めてい
る。とはいえ、ギグワーカーや専属事業者については、様々な問題
が指摘されており、ADSP による契約条件等を巡る提訴もある[27]。
賃上げや保険等の労働条件の改善、過労運転防止等の安全性確保等
を図っていく必要がある。

　ロジスティクスは、複合ビジネスモデルの柱であり、独占と関連
した問題が指摘されている。マーケットプレイスにおける独占がテ
コとなり、実際上 FBA を選択せざるをえない状況を生み出してい
るとの指摘もある。

　より大きな課題は、巨大な市場支配力に対する懸念の声である。
2020年には、米議会下院公聴会でマーケットプレイスでの取引情
報を直販 PB 商品の開発に利用した疑いが質された。2021年には、
サードパーティセラーに対する価格拘束が反トラスト法（独占禁止
法）に違反するとの疑いで提訴された[28]。連邦取引員会（FTC）委
員長にはアマゾン規制論者であるリナ・カーンが指名されており、
今後の裁判の行方が注目されている。

参考文献

経済産業省（2020）『電子商取引に関する市場調査報告書』
齋藤浩史（2020）『GAFA の決算書』かんき出版
齊藤実（2015）「アメリカのネット通販とロジスティクスの課題」『ネット通販
　　時代の宅配便』成山堂
齊藤実（2021）「E コマース時代におけるアマゾンの物流戦略」『経済貿易研究』
　　No.47
中田善啓（2009）『ビジネスモデルのイノベーション―プラットフォーム戦略
　　の展開』同文館出版
林克彦（2020）「アマゾンのロジスティクス・プラットフォーム」『日交研シ

---

(27)　Bloomberg、2021年10月27日。" Amazon Delivery Contractors Sue Over
　　'Unreasonable' Demands "。
(28)　日本経済新聞2021年 5 月26日。

リーズ』A-793

門田安弘（2019）「双方向市場におけるプラットフォームの価格戦略とコスト分担：アマゾンのネット通販を事例として」『商学論究』関西学院大学 Vol.66、No.4

レイエ・ロール・クレア、ブノワ・レイエ（2019）『プラットフォーマー 勝者の法則』（根来龍之、門脇弘典訳）日本経済新聞出版

Bezos, Jeffery (2019), *2018 Letter to Shareholders,* https://s2.q4cdn.com/299287126/files/doc_financials/annual/2018-Letter-to-Shareholders.pdf

Dablanc, Laetitia (2019), "E-commerce trends implications urban logistics", *Urban Logistics: Management, Policy and Innovation in a Rapidly Changing Environment*, Michael Browne, Sönke, Behrends, Johan, Woxenius, Genevieve, and Giuliano, José Holguin-Veras (ed.), Kogan Page

Gawer, Annabelle eds. (2009), *Platforms, Markets and Innovation*, E. Elgar

Isckia, Thierry and Denis Lescop (2009), "Open Innovation within Business Ecosystems: A Tale from Amazon.com", *Communications & Strategies*, No. 74

Lai, Guoming, Huihui Liu, and Wenqiang Xiao (2018), "Fulfilled by Amazon": A Strategic Perspective of Competition at the E-commerce, *SSRN.*

MWPVL (2022a), *Amazon Global Supply Chain and Fulfillment Center Networks,* https://www.mwpvl.com/html/amazon_com.html（2022年2月閲覧）

MWPVL (2022b), *A Supply Chain Evaluation of Kiva Systems,* https://www.mwpvl.com/html/kiva_systems.html（2022年2月閲覧）

Rodrigue, Jean-Paul (2020), "The distribution network of Amazon and the footprint of freight digitalization", *Journal of Transport Geography*, Volume 88, October.

Wu, X. and Gereffi, G. (2018), "Amazon and Alibaba: Internet Governance, Business Models, and Internationalization Strategies", van Tulder, R., Verbeke, A. and Piscitello, L. eds. *International Business in the Information and Digital Age*, Emerald Publishing Limited.

第 7 章

コロナ下における米国小売業者の
ロジスティクス展開

7.1 小売におけるロジスティクスの重要性

　米国では、新型コロナウイルス感染症（COVID-19）による感染者や死者の報告数が世界最多となるなど、極めて深刻な影響を受けている。感染を防止するため、都市封鎖（ロックダウン）など厳しい移動制限が課され、日常の買い物すら制約された。その結果、消費者はネット通販での購入を拡大し、従来は実店舗で購入していた食品や日用品まで購入するようになった。

　ネット通販市場で高い占有率を占めるアマゾンは、COVID-19第1波に対し、取扱能力が需要急増に追い付かず混乱が見られたが、すぐに感染対策をとりながら従業員数を増強した。一方、最大の小売業者であるウォルマートは、実店舗での感染対策を強化しながら、ネット通販の取扱能力を拡大しオムニチャネル戦略を展開している。

　米国小売業を代表する両者は、コロナ禍の新しい生活様式に合致した体制を構築し、市場シェアを拡大している。コロナ禍に消費者が必要とするネット通販やオムニチャネルでは、それを支えるロジスティクスが極めて重要になる。

　本章では、コロナ禍で都市封鎖など厳しい規制が課された米国小売市場で急速にEC化率が高まり、両者のプレゼンスが一層高まった過程を明らかにする。アマゾンは、前章で述べた革新的なロジスティクス・プラットフォーム（LPF）を前提に、コロナ下の短期間でロジスティクスに重点投資を行い、一挙に取扱能力を拡大した。ウォルマートは、全米の巨大な実店舗網とそれを支える自社ロジスティクス体制を強みとしており、それを活かしたオムニチャネル戦略をコロナ禍で一気に加速した。両者の事例を通して、コロナ禍で一気に拡大したLPFの革新性を明らかにする。

7.2　COVID-19の小売市場への影響

7.2.1　COVID-19の蔓延

　ジョンズホプキンス大学のまとめによれば、2021年2月16日現在、米国の COVID-19感染者数は2,774万人、死亡者数は486,148人となった。米国の感染者数は世界の4分の1を占め、世界最多である。同時期の日本の感染者数41.7万人、死亡者数7,038人と比べると、総数でも人口比でも極めて多い。

　COVID-19感染が拡大し始めるなか、米国保健福祉省は2020年1月31日に緊急事態を宣言した。中国渡航者を対象に始まった入国禁止措置が多くの国と地域に拡大されるなど、水際感染防止措置が厳格化された。しかし感染者数が3月頃から急増し始め、トランプ大統領は3月13日に国家非常事態を宣言した。

　3月19日には、カリフォルニアで生活必需品を扱う商店以外を休業させるなど都市封鎖が導入され、その後ニューヨークや全国の大都市に広がった。それでも感染拡大は止まらず、4月には1日当たり感染者数が2万人を超えた。

　6月には、カリフォルニア、テキサス、フロリダ、アリゾナなど西部、南部で感染者数が増加し、第2波が始まった。1日当たり感染者数は7月には6万人台まで増加した。7月下旬をピークに減少し始めたものの、高い水準で推移した。

　10月に入ると、ノースダコタ、ウィスコンシンなど中西部で感染者数が増加し始めた。冬を迎え第3波が拡大し、1日当たり感染者数は、11月には10万人、12月には20万人を突破した。クリスマスシーズンを迎え、カリフォルニア州で再び外出禁止令や都市封鎖が実施されるなど全国でロックダウンが再導入された。

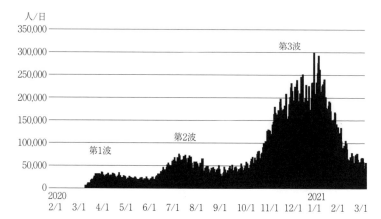

人/日

資料：https://github.com/CSSEGISandData/COVID-19より作成

図7.1　COVID-19新規感染者数の推移（人／日）

　2021年に入り感染者数は25万人を超えたが、１月初旬をピークに減少が続いた[1]。

7.2.2　都市封鎖等の厳しい規制

　COVID-19感染拡大を防ぐため、連邦政府や地方自体等は、教育機関や職場、在宅、国境管理等で、都市封鎖まで含む厳しい規制措置を導入した[2]。

　学校等の教育機関に対しては、感染が著しい地域で当初から全面

（１）　本章は、コロナ第３波までの2020年の動向を主な対象としている。2021年の動向を捕捉すれば、その後感染者数が増加に転じ夏にいったんピークを迎えた。さらに年末にはオミクロン株が広まり一日当たり感染者数が100万人を越える蔓延状況を迎えている。

（２）　以下 Reuters COVID-19 Tracker による。https://graphics.reuters.com/world-coronavirus-tracker-and-maps/ja/countries-and-territories/united-states/.

的な閉鎖措置が導入された。2021年に入って第 3 波の新規感染者が減少するまで、厳しい閉鎖措置が続いた。

　職場に対しては、第 1 波に際して、地域によってはエッセンシャルワーカー以外の職場が全面的に閉鎖された。経済への打撃を考慮し、業種によって閉鎖措置が解除されていったが、再び第 3 波が襲来し厳格な措置を導入せざるを得なくなった。

　在宅措置では、非常事態宣言と同時に、医療情勢が逼迫する地域での在宅要請がなされ、生活必需品の購入等を除き外出が規制された。 7 月20日に全国的な在宅推奨に緩和されたものの、第 3 波とともに地域によって在宅要請に強化された。

　国境管理については、入国者に対する検疫が導入されたのち、多くの地域からの入国禁止が続いている。

7.2.3　経済活動への影響

　COVID-19は、米国経済に大きな打撃を与えた。2020年第 1 四半期の GDP（前期比年率換算）は -5.0％ に落下した。第 2 四半期には-31.4％を記録し、リーマンショック時の -8.5％を大きく下回り、未曾有の急降下となった。

　都市封鎖や移動制限によって、サービス業を中心に大幅な雇用減少となり、 4 月の失業率は戦後最悪の14.7％に陥った。米国連邦議会は、史上最大となる予算規模 3 兆ドルの経済対策を決定し、 3 月以降実施された。個人向け支援策では、所得制限（総所得75,000ドル未満）のもと成人 1 人当たり1,200ドル、未成人 1 人当たり500ドルの直接給付、失業保険の追加給付（週当たり一律600ドル）・給付対象の拡大・給付期間の延長を行った。企業支援策では航空等の特定業種への支援策、中小企業の雇用維持のための給与保護プログラム（PPP）等を導入した。

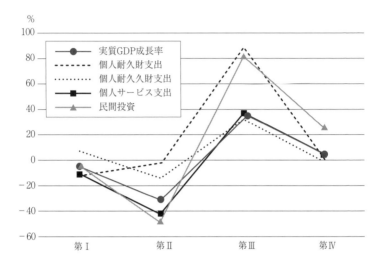

資料：米国商務省経済分析局

図7.2　2020年四半期別実質 GDP と主要項目の成長率（前期比年率換算）

　第 3 四半期になると、前期の反動に経済対策の効果も加わり、実質 GDP は33.4％増となった。GDP の主要項目についてみると、個人消費支出が前期比年率41.4％増となり、なかでも耐久財消費は同89.0％増、非耐久財とサービスもそれぞれ31.8％、37.5％増となった。住宅投資を中心に民間投資も82.1％増加した。

　第 4 四半期は、前期の反動で実質 GDP は4.0％増に留まった。その結果2020年通年では、実質 GDP は対前年比 -3.4％となった。失業率は徐々に改善されたものの12月時点で6.7％に留まり、COVID-19以前の水準を大きく上回っている。

　2020年12月には、9,000万ドル規模の追加経済対策が決定された。個人向けに、600ドルの現金給付、失業保険の週当たり300ドル追加給付、中小企業向け PPP の拡充等が実施された。

　政権交代後、バイデン大統領は 1 人最大1,400ドルの現金給付を

含む1.9兆ドル規模の追加対策案を発表した。2021年3月、連邦議会は法案を可決し、3回目の現金給付を開始した。

7.2.4　EC 販売額の急増

COVID-19は都市閉鎖や失業増加、生活様式の変化をもたらし、実店舗に大打撃を与えた。その一方、EC 販売額は急増した。

2020年における小売販売額（飲食業販売額含まず）は、第1四半期は対前年同期比2.9％に留まり、第2四半期は -3.3％のマイナス成長になった。その後第3四半期は対前年同期比7.0％増、第4四半期は同6.9％増となった。

一方、EC 販売額は COVID-19以降さらに成長が加速し、都市封鎖が相次いだ第2四半期には対前年同期比44.4％増となり、第3四半期同37.0％増、第4四半期同32.1％増となった。2020年第4四半期の EC 化率（EC 販売額が小売販売額に占める比率）は、過去最高の15.7％まで高まった[3]。

表7.1　小売販売額と EC 販売額の推移（2020年）

	小売販売額（100万ドル）		EC 化率（％）	対前年同期伸び率（％）	
	総額	EC		総額	EC
第1四半期	1,273,055	146,539	11.5	2.9	14.6
第2四半期	1,332,066	200,646	15.1	-3.3	44.4
第3四半期	1,473,196	199,232	13.5	7	37
第4四半期	1,560,044	245,283	15.7	6.9	32.1

注：EC 販売額は、インターネット、スマホ等の電子発注方法でモノ、サービスを販売した額である。
資料：米国商務省　https://www.census.gov/retail/mrts/www/data/pdf/ec_current.pdf

（3）　2021年に入ってからは実店舗販売額が急増し、EC 化率は第1四半期13.4％、第2四半期12.5％、第3四半期12.4％に低下している。

7.2.5　小売業界へのアマゾンエフェクト

　米国の小売市場ではEC化が進み、実店舗型小売業者はアマゾンエフェクトあるいはデスバイアマゾンとも呼ばれるほどの影響を受けてきた[4]。COVID-19は、この傾向を数年分一挙に加速した。外出制限や休業要請により、生活必需品以外を扱う百貨店やアパレル、これらを核テナントとするショッピングモールは、大きな打撃を受けている。

　Retail Dive（2021年2月5日）によれば、2020年に9,500以上の小売店舗が閉鎖した。そのなかにはJ.C. Penney、Brooks Brothers、Neiman Marcus、J. Crewのように日本でも知名度の高いブランド店が含まれている。無印良品米国法人（Muji USA）も撤退を余儀なくされた。

　コロナ禍の都市封鎖で多くの小売業者が大打撃を受けるなか、食料品や日用品を扱う小売業者の売上は比較的安定していた。また実店舗小売業者のなかでも、以前からオンライン販売に投資をしていた小売業者はむしろ売り上げを拡大した。

　売上高上位を占める小売業者について、2020年の国内売上と対前年伸び率をみると図7.3のようになっている[5]。オムニチャネル戦略を採るウォルマートは、2020年も高い成長率を維持した。その売上規模は4,300億ドルに達し、他の実店舗小売業者を圧倒している。

　アマゾンは、ホールフーズ（Whole Foods Market）等の実店舗販売が減少したもののオンライン販売が急増した。しかも、このなかにはサードパーティセラーの販売額が含まれておらず、これを含めた流通総額ではウォルマートの売上に匹敵する規模に拡大している。

（4）　アマゾンエフェクトとオムニチャネルへの取り組みについては関根（2020）参照。デスバイアマゾンについては、城田（2018）参照。

（5）　National Retail Federation、2021年7月6日、Top 100 Retailers 2021 List。

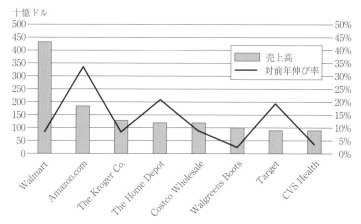

資料：National Retail Federation、*Top 100 Retailers 2021 List* より作成

図7.3　米国主要小売業者の売上高（十億ドル、2020年）

7.2.6　ネット通販市場における寡占化

　ネットワーク効果が強く働くネット通販市場では、勝者が市場を独占する傾向が強い。米国ではアマゾンが圧倒的な規模を誇り、流通総額ベースで約40％のシェアを占めていると推定されている[6]。アマゾンは、コロナ禍でネット通販需要の多くを取り込み、小売全体でもウォルマートに迫る規模に拡大している。

　米国最大の小売業者であるウォルマートは、アマゾンの急成長に対し、自ら積極的にネット通販に取り組んでいる。ネット通販販売額は急増が続き、ネット通販市場でも第2位を占めるようになった。しかし、そのシェアはまだ5％程度に過ぎない。

（6）　eMarketer、2020年2月による予測値。アマゾンはマーケットプレイスの流通総額を公表していない。その他の事業者も公表していない場合があるため、eMarketer独自の推定である。

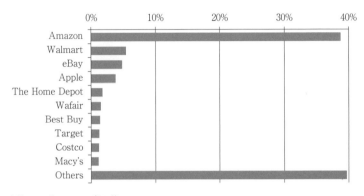

出所：eMarketer、2020年2月

図7.4　ネット通販市場における事業者別シェア予測値（2020年）

　イーベイは、アマゾンと同じ1995年に創業し、オークションサイを運営している。長年、第2位を占めていたが、ウォルマートに抜かれ第3位になっている。

7.2.7　アマゾンとウォルマートの競争

　アマゾンは、あらゆるモノやサービスを販売するようになり、実店舗型小売業者の脅威となっている[7]。EC市場における寡占を批判されたアマゾンは、小売市場全体でのシェアはわずかで多くの小売業者と激しい競争状態にあると反論してきた。

　しかし、ウォルマートとアマゾンの販売規模を比較すると、コロナ下でアマゾンの売上高が急増しウォルマートに近い規模に達している。2020年に入ってから、ウォルマートの販売額は対前年同期

（7）　アマゾンは流通イノベーションの代表的な担い手として評価されている。田口（2019）。

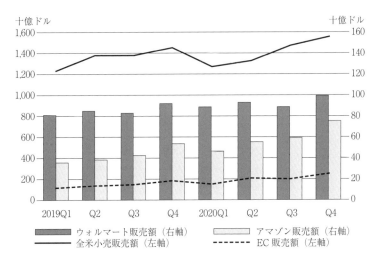

資料：米国商務省統計、各社四半期報告書より作成。

図7.5　全米小売販売額、EC販売額、ウォルマート、アマゾン販売額の推移（十億ドル）

比で増加が続いているものの、アマゾンの販売額の爆発的な増加率に比べれば低い。2020年第4四半期のアマゾンの米国での売上高は753億ドルとなり、ウォルマートUSとサムズクラブの売上高合計（決算期の関係で2020年10月から翌年1月）996億ドルに迫っている。

7.3　アマゾンの急激な自社LPF体制整備

7.3.1　COVID-19への対応

COVID-19感染防止のため都市封鎖など厳しい規制が導入され、消費者はネット通販の利用を急拡大した。なかでも最大手のアマゾンには注文が殺到し、フルフィルメントセンターや配送等の処理能

力が追い付かないほどになった。一方、アマゾンでは、従業員に感染が拡大し、感染防止対策や安全措置の導入が必要になった。

　未曾有の事態に、アマゾンはあらゆる対応策を導入した[8]。従業員向けでは、健康・安全第一の観点から1億枚のマスク、温度カメラ1,000台、検温器3,100台を導入したうえで、業務プロセスを見直した。3、4月だけで175,000人の新規採用を行い、時給2ドル増額等、労働条件を大幅に改善した。これに伴う費用は5月16日までで7億ドル近くに達した。

　顧客向けには、生活必需品や医薬品の提供を優先して、FCの保管スペースと配送能力を確保した。マーケットプレイスでは、出品者が不当な高価格で販売する商品の取引を停止した[9]。

　需要が急増した食料品では、Prime Now や Amazon Fresh、ホールフーズの注文枠を拡大し、店頭受取可能な実店舗数も80から150に増やした。出品者向けには、Amazon Lending の支払期限を延ばすなどの支援措置を導入した[10]。

　地域社会向けには、Amazon Flex のドライバーがフードバンクから食糧を配送した。医療関係者や学生、関係団体等には、PC、キンドル、エコー等の機器の寄付や献金を行った。

7.3.2　ネット通販売上高の急増

　オンラインストアの売上高は、都市封鎖が各地で広まった第2四半期に対前年同期比49％増を記録するなど急増し、2020年通年

（8）　2020年第1四半期報告書、プレスリリース等による。
（9）　マーケットプレイス出品者からの商品配送が遅れ、消費者からの苦情が殺到した。The Washington Post、2020年5月21日。
（10）　アマゾンがマーケットプレイスの法人出品者向けに提供する融資サービス。

表7.2　アマゾンの部門別四半期売上高の推移（百万ドル）

	2020年				2020/19増減率
	第1	第2	第3	第4	
オンラインストア[(1)]	36,652	45,896	48,350	66,451	46%
対前年同期比、為替変動除く	25%	49%	37%	43%	N/A
実店舗[(2)]	4,640	3,774	3,788	4,022	-8%
対前年同期比、為替変動除く	8%	-13%	-10%	-7%	N/A
サードパーティサービス[(3)]	14,479	18,195	20,436	27,327	57%
対前年同期比、為替変動除く	31%	53%	53%	54%	N/A
サブスクリプションサービス[(4)]	5,556	6,018	6,572	7,061	35%
対前年同期比、為替変動除く	29%	30%	32%	34%	N/A
AWS	10,219	10,808	11,601	12,742	28%
対前年同期比、為替変動除く	33%	29%	29%	28%	N/A
その他[(5)]	3,906	4,221	5,398	7,952	66%
対前年同期比、為替変動除く	44%	41%	49%	64%	N/A
世界純売上	75,452	88,912	96,145	125,555	44%
対前年同期比、為替変動除く	27%	41%	36%	42%	38%

注(1)　Online stores。デジタルメディアコンテンツ含む。
　(2)　Physical stores。実店舗での販売。オンライン注文で店舗からの配送や店頭ピックアップは(1)に含む。
　(3)　Third party seller services。出品者・出店者からの手数料、フルフィルメント、配送料を含む。
　(4)　Subscription services。アマゾンプライム会員費。ビデオ・音楽・本等の配信サービス料金含む。
　(5)　主に広告収入。
資料：Amazon Quarterly Results https://ir.aboutamazon.com/quarterly-results/default.aspx

で対前年比46%増となった。

　マーケットプレイスの流通総額は公表されていないものの、直販のオンライン売上高以上に増加した。出品者が支払う手数料やフルフィルメント・配送サービスを含むサードパーティサービスの売上高は、第2四半期以降対前年同期比50%を超え、通年で対前年比57%増となった。

　プライム会員の会費を中心とするサブスクリプションサービスの売上高も、対前年比35%増となった。もっとも増加率が高かった

のは広告収入を中心とするその他売上であり、対前年比66％増と
なった。2020年のその他売上は79億ドルを超え、サブスクリプショ
ンサービスを上回り、広告が新たな収益の柱に育っている。

　一方、ホールフーズが大部分を占める実店舗売上は、外出自粛・
禁止措置等により、第２四半期には対前年同期比13％減となり、
通年でも対前年８％減となった。都市封鎖により営業が困難に
なった店舗のなかには、MFC（Micro Fulfillment Center）を整備した
り、ダークストアに転換することにより、ネット通販の配送ネット
ワークに組み入れられた店舗もある。

7.3.3　過去最高の売上高と利益

　アマゾンの2020年純売上は対前年比44％増（為替変動除去後38％増）
の3,861億ドル、営業利益は対前年比77％増（同58％増）の229億ドル
となり、売上、営業利益とともに過去最高を更新した。
　セグメント別には、北米・国際部門はともに売り上げが急増し、
営業費用が増加ししたものの、増収増益を確保している。赤字が続
いていた国際部門も黒字に転換している。クラウドサービスの
AWS部門は、売上高の伸びはネット通販ほどではなかったが、営
業利益は急増し、総営業利益の59％を占めている。

7.3.4　ロジスティクス関連費用の急増

　2020年のアマゾンの営業費用は、対前年比36.5％増となった。な
かでもネット通販を支えるロジスティクス関連費用が急増してお
り、技術・コンテンツやマーケティング等の費用と比べて著しい伸
びを示した。
　物流処理能力の拡大、さらにはコロナ感染防止のための安全措置

表7.3　セグメント別四半期売上・営業利益の推移（百万ドル）

		2020年				2020/19 増減率
		第1	第2	第3	第4	
北米	純売上	46,127	55,436	59,373	75,346	40%
	対前年同期比	29%	44%	39%	40%	N/A
	営業利益	1,312	2,141	2,252	2,946	55%
	対前年同期比	-43%	37%	76%	55%	N/A
国際	純売上	19,106	22,668	25,171	37,467	57%
	対前年同期比	20%	41%	33%	50%	N/A
	営業利益	-398	345	407	363	N/A
	対前年同期比	N/A	N/A	N/A	N/A	N/A
AWS	純売上	10,219	10,808	11,601	12,742	28%
	対前年同期比	33%	29%	29%	28%	N/A
	営業利益	3,075	3,357	3,535	3,564	37%
	対前年同期比	36%	54%	57%	41%	N/A
合計	純売上	75,452	88,912	96,145	125,555	44%
	対前年同期比	27%	41%	36%	42%	N/A
	営業利益	3,989 $	5,843 $	6,194 $	6,873 $	77%
	対前年同期比	-11%	86%	92%	74%	N/A

注：対前年同期比は為替変動除去前。
資料：Amazon Quarterly Results　https://ir.aboutamazon.com/quarterly-results/default.aspx

に関わる費用が、期を追うごとに嵩んだ。FC 等の物流施設の整備
と運営に関わるフルフィルメント費は、第 1 四半期に110億ドルを
超え、第 4 四半期には185億ドルまで増加、通年では585億ドルと
なり対前年比45.5%増となった。

　輸送費はさらに著しく増え、第 1 四半期に109億ドル、第 4 四半期
には 2 倍以上の215億ドルに膨れ上がり、通年では611億ドルとなり対
前年比61.1%増となった。コロナ禍の物流混乱に対処するため、急速
に自社配送網の拡大を進め航空輸送を増やしたことが影響している。

　従業員の確保が緊急課題となり、数10万人規模の大量募集を続け
た。2020年末の従業員数は前年比62.7%増の129万8,000人になった。

表7.4　アマゾンの主要費用の四半期推移（2020年、百万ドル）

	第1	第2	第3	第4	2020年計
売上原価	44,257	52,660	57,106	79,284	233,307
対前年同期比	30.5%	44.9%	38.3%	46.9%	40.9%
輸送費	10,936	13,652	15,063	21,465	61,116
対前年同期比	49.4%	67.8%	56.8%	66.6%	61.1%
フルフィルメント	11,531	13,806	14,705	18,474	58,516
対前年同期比	34.1%	48.9%	44.6%	51.5%	45.5%
技術・コンテンツ	9,325	10,388	10,976	12,049	42,738
対前年同期比	17.6%	14.6%	19.3%	23.7%	18.9%
マーケティング	4,828	4,345	5,434	7,403	22,010
対前年同期比	31.8%	1.3%	14.4%	19.9%	16.6%
営業費用計	71,463	83,069	89,951	118,682	363,165
対前年同期比	29.3%	37.7%	34.6%	42.0%	36.5%
従業員数	840,400	876,800	1,125,300	1,298,000	N/A
対前年同期比	33.3%	34.2%	50.0%	62.7%	N/A

注：従業員数にはパートタイムを含み、契約社員、一時雇用を含まない。
資料：Amazon Quarterly Results　https://ir.aboutamazon.com/quarterly-results/default.aspx

7.3.5　LPF の強化

　アマゾンは、需要急増に対応し、極めて迅速に従業員を大量採用するとともに LPF を強化している。米国内の物流施設の数は、わずか 1 年弱の間に519から815に増加した。物流網の中心となる FC だけでも170から233に増強され、ラストマイルの拠点となる DS の数は 2 倍以上になった[11]。

---

(11)　ショッピングモールから撤退した百貨店等の大規模店舗の後に、物流施設を誘致する計画も報道されている。消費者に近接し迅速な配送サービスを提供する MFC として整備する。The Wall Street Journal、2020年 8 月 9 日、"Amazon and mall operator look at turning Sears, J.C. Penney Stores into fulfillment centers"

表7.5　アマゾンの物流施設の増強

国	種類	2020年3月		2021年2月	
		稼働施設数	床面積（百万 ft²）	稼働施設数	床面積（百万 ft²）
米国	FC、補助センター、返品センター	170	124	233	167
	食品・生鮮食品 FC	22	4	21	5
	ホールフーズ・小売食品 DC	12	1	12	1
	プライムナウ・ハブ	54	2	55	2
	受入仕分けセンター（クロスドック）	10	6	18	11
	出荷仕分けセンター（SC）	47	16	65	24
	配送ステーション（DS）	197	18	400	57
	空港ハブ	7	3	11	4
	合計	519	174	815	270
日本	FC	17	7	18	8
	プライムナウ・ハブ	9	-	9	-
世界		1,137	262	1,605	367

注：1ft²は約0.09m²
資料：MWPVL　https://www.mwpvl.com/html/amazon_com.html

　配送能力については、アマゾンが独自にドライバーを組織化する Amazon Flex と Amazon Delivery Service Partner（ADSP）が急拡大した。同社プレスリリース（2020年8月7日）によれば、アメリカ、カナダ、英国、スペイン、ドイツに ADSP1,300社が設立され、従業員85,000人、配送車両40,000台により、売上45億ドルを上げ18億個を輸送した。

　前章で見たとおり、2020年は出荷個数が爆発的に増加し70億個になったが、その約6割の42億個を自社で配送したと推定されている。2019年には、出荷個数33億個のうち自社配送は19億個に留まっており、わずか1年で配送能力を2倍以上に拡大したことになる。

7.3.6　新型実店舗の展開

　アマゾンは、2017年に高級食品スーパーであるホールフーズを買収し、本格的に実店舗運営を開始している。コロナ禍でニューヨーク等の一部店舗をダークストアに改修するなど、アマゾンの実店舗売上高は2020年に対前年 -8％となった。

　アマゾンは、とくに食品販売でウォルマートと激しく競争している。ウォルマート・プラス開始に合わせ2020年10月に、オンライン注文から1時間で実店舗店頭で受け取れるサービスをプライム会員向けに開始した。注文客の位置を店舗に知らせることができるため、他社の同等なサービスと比べて店頭で待たされることが少ないという。今後は全米約500店舗で受取サービスを導入する計画である。

　ホールフーズ店舗の中には、MFC を設置することによりピッキングを迅速化した店舗もある。注文商品の受取拠点としてだけでなく、配送拠点としても利用されている。

　アマゾンは、2020年にレジの無い食品スーパー Amazon Fresh をシアトルに開店した。自動精算機能付きのショッピングカートDash Cart が導入され、消費者はレジ精算なしで買い物ができる。無人コンビニ Amazon Go と同様に、非接触で買い物が可能な実店舗を拡大している。

7.3.7　ラストマイルの自動化、電動化

　アマゾンは、コロナ下で大量の労働者を雇用して取扱能力を急拡大してきたが、ロジスティクス関連費用が急増している。景気回復とともに失業率が低下しており、やがて賃金をアップしても労働力を確保することが困難になる可能性が高い。

　アマゾンは、FC での自動化を進めているが、次の課題として輸

配送の自動化に取り組んでいる。2019年、ワシントン州とカリフォルニア州の一部地域で電動配送ロボット Scout を公道で走行させる実験を開始した。地域住民との連携によりコロナ禍でもロボット配送は続けられており、テネシー州内3カ所でも実験が始まった（プレスリリース2020年7月21日）。

ドローン配送の実用化に向けては、2015年に FAA（連邦航空局）がアマゾンに実証実験のための耐空証明書を交付した。2020年、FAA はアマゾンエアに対して航空運送業認定を与え、実証実験空域での飛行を許可した[12]。アマゾンの Prime Air ドローンは、航続距離15マイルで5ポンド以下の荷物を輸送可能である。

より大型の車両による自律運転に対しては、2019年にオーロラ（Aurora）に出資した。オーロラは、自律運転トラックの開発を促進するため、ウーバーの自律運転部門の買収、トヨタ、デンソーとの提携等を進めている。その一方、アマゾンは2020年に自動運転技術開発のズークス（Zoox）を約12億ドルで買収した。ズークスは、2020年12月に自律運転電動タクシーを発表している（プレスリリース2020年6月26日、12月14日）。

アマゾンは、クライメート・プレッジ（Climate Pledge）に基づき2040年までにカーボンニュートラルを達成することを誓約している。CO_2排出量の多くを占める物流部門では「シップメント・ゼロ」プロジェクトを立ち上げ、2030年までに配送荷物の50％でカーボンゼロを達成する計画である[13]。アマゾンは、物流施設、包装、輸送の分野でプロジェクトを進めている。

---

(12)　アルファベット、UPS に続く3社目の認可。CNBC、2020年8月31日、"Amazon wins FAA approval for Prime Air drone delivery fleet"

(13)　https://sustainability.aboutamazon.com/environment/sustainable-operations/shipment-zero。2022年1月閲覧。クライメート・プレッジは、パリ協定より10年早く温暖化ガス排出実質ゼロを目指す企業連合。

2019年、アマゾンは電気自動車メーカーのリヴィアン（Rivian）に出資し、専用電動配送トラック10万台を発注した。2020年にロサンゼルスで運行実験を開始したトラックは、一度の充電で150マイル走行可能である。登載されたアレクサにより、音声指示で走行ルートや気象情報を知ることができる。（プレスリリース2021年2月3日）。

7.4　オムニチャネル戦略を加速するウォルマート

7.4.1　COVID-19への対応

　コロナ禍で実店舗型小売業者が大打撃を受けるなか、生活必需品を販売する実店舗は多くの自治体で休業規制の対象外とされた。なかでも食品販売で圧倒的なシェアを占めるウォルマートに、消費者が集中した。

　ウォルマートは、実店舗事業者のなかでも早くからECに取り組んできた。コロナ禍でも、スピード配送や店頭受渡しサービスを拡充し、オムニチャネル戦略を進めた。このことも、ウォルマートの業績に大きく貢献した。

　第1四半期報告書とプレスリリース等によれば、ウォルマートは以下のようなCOVID-19対策を実施した。従業員向けには、特別ボーナス（総額7億5,500万ドル）支給、物流センター従業員時給2ドル増額、緊急離職方針策定、オンデマンド健康相談、感染防護具（マスク、手袋）の提供、店舗内安全措置（飛沫防護、社会的距離確保標示）、オフィス従業員のリモートワーク等である。

　顧客向けには、清掃・消毒時間確保のための開店時間短縮、社会的距離維持のための入店人数・通行制限、配送サービス選択可能な店舗数を2,500に拡大、米国農務省（FDA）の補充的栄養支援プログラム（SNAP）オンライン化拡充、医薬品の宅配拡充等である。

　EC では、 2 時間以内の配送オプション導入、配送・ピックアッ
プ枠の拡大、非接触型のカーブサイド・ピックアップ、宅配サービ
スを導入した。

　地域社会向けには、雇用235,000人増強、駐車場139カ所を検査場
として提供、健康医療従事者に防護具を提供、納入業者に対する資
金支援、慈善的支援の提供等を行った。

　第 1 四半期における COVID-19対策費用は約 9 億ドルに達した。
第 2 四半期には15億ドルに増大し、第 3 四半期 6 億ドル、第 4 四
半期11億ドルとなった。

7.4.2　売上高増加と EC 需要の取込み

　ウォルマートは、Walmart US（北米）、Walmart International（国際）、
会員制ディスカウントストア Sam's Club の区分で売上高を公表して
いる。2020年の総売上高は5,600億ドルに及び、北米が66％、海外が
22％、サムズクラブが11％を占めている。

　四半期別にみると、COVID-19第 1 波が全米の小売業に大きな影
響を及ぼした第 1 四半期（ 2 ～ 4 月）には、食品、日用品、医薬・
健康品等を求める消費者が集中し、販売額が急増した。従業員の感
染防止や賃金上昇に伴う費用が増加したものの、それを上回る増収
となり増収増益となった。

　第 2 四半期以降も、国際部門を除き高い伸びが続き、2020年度
（ウォルマート決算期は12月から 1 月まで）の北米部門の伸び率は8.5％増、
サムズクラブは同8.7％増となり、ともに高い営業利益率を記録した。

　EC 需要急増に対し、食品の配送・店舗受取サービスを拡充し取
り込みを図った結果、北米での2020年度 EC 売上高は対前年比74％
増となった。EC 貢献率（燃料販売額を除く売上高に対する比率）が高ま
り、第 4 四半期には6.2％となった。

表7.6　ウォルマートセグメント別純売上高と営業利益の推移（2020年度）

		実数（十億ドル）				対前年同期比				実数（十億ドル）		
	四半期（月）	2~4	5~7	8~10	11~1	2~4	5~7	8~10	11~1	FY21	FY20	伸び率
北米	純売上高	88.7	93.3	88.4	99.6	10.5%	9.5%	6.2%	7.9%	370.0	341.0	8.5%
	EC貢献率（%）	~3.9	~6.0	~5.7	~6.2	–	–	–	–	–	–	–
	営業利益	4.3	5.1	4.6	5.2	3.9%	8.5%	9.9%	17.4%	19.1	17.4	10.0%
国際	純売上高	29.8	27.2	29.6	34.9	3.4%	-6.8%	1.3%	5.5%	121.4	120.1	1.0%
	営業利益	0.8	0.8	1.1	1.0	9.2%	-9.1%	70.0%	-12.8%	3.7	3.4	8.6%
サムズクラブ	純売上高	15.2	16.4	15.8	16.5	9.6%	8.8%	8.3%	8.1%	63.9	58.8	8.7%
	EC貢献率（%）	~1.7	~1.9	~2.3	~2.8	–	–	–	–	–	–	–
	営業利益	0.5	0.6	0.4	0.4	9.5%	23.3%	31.8%	1.3%	1.9	1.6	16.1%

注：EC貢献率は、燃料販売額を除く売上高に対する比率（%）
資料：Walmart Quarterly Results　https://stock.walmart.com/investors/default.aspx

7.4.3　全米に展開する実店舗網

　ウォルマートは、EDLP（Every Day Low Price）を掲げ、全国民が近くの店舗で買い物をできるように店舗網を整備している。店舗数は拡大を続けていたが、2020年はロックダウンの影響等で微減となり、北米の店舗数はサムズクラブを含めて5,342店舗となった。

　従業員数は、2020年中に世界中で50万人を新規採用し、総従業員数は220万人となった。そのうち米国の従業員数は160万人である。待遇改善を続け、2020年度末の平均時給（フルタイム・パートタイム合計）は15ドルを超えた。

　ウォルマートの店舗フォーマットは、スーパーセンター、ディスカウントストア、ネイバーフッドマーケット、小規模に大別される。スーパーセンターは、生鮮品を含む食料品・日用品に、電器、アパレル、玩具、家具等を販売し、平均従業員数300人、床面積182,000ft^{2}の大規模店舗である。ディスカウントストアは、食品以

表7.7　米国内ウォルマート店舗数・床面積（2021年1月末）

種類	2020年1月末		2021年1月末		増加率	
	店舗数	床面積（千 ft²）	店舗数	床面積（千 ft²）	店舗数	床面積
スーパーセンター	3,571	634,287	3,570	634,154	0.0%	0.0%
ディスカウントストア	376	39,557	374	39,464	-0.5%	-0.2%
ネイバーフッドストア	699	29,204	698	29,163	-0.1%	-0.1%
小規模店舗	110	270	101	252	-8.2%	-6.7%
うち EC 受取拠点	80	156	90	181	12.5%	16.0%
サムズクラブ	599	80,239	599	80,239	0.0%	0.0%
合計	5,355	783,557	5,342	787,271	-0.2%	0.5%

資料：Walmart Unit Count and Square Footage　https://stock.walmart.com/investors/investor-resources/faqs/

外を扱い、平均従業員数200人、床面積106,000ft²程度の規模である。ネイバーフッドマーケットは、生鮮品を含む食品、日用品、健康補助品、薬品等を扱い、平均従業員は95人、床面積38,000ft²程度の店舗である。小規模店舗には、コンビニ等が含まれるが、大部分は EC 受取り拠点である。

7.4.4　自社 LPF の概要

　ウォルマートの自社ロジスティクス体制は、アマゾンが手本とする革新的なものである。ここでその歴史を簡単に振り返っておく。

　サム・ウォルトンは、1962年に定番品の低価格販売を特徴とするウォルマートを開店した。当初から、卸売業者から仕入れるのではなく、自社で直接仕入れることにより低価格を実現しようとした。ウォルマートは、中間流通についても、卸売業者や物流事業者に依存するのではなく、自社で取り組んできた[14]。

（14）　LeCavalir（2016）は1952年から2009年までのウォルマートのロジスティクス展開について述べている。

従来、小売業者は、メーカーや卸売業者が直接店舗に納入するDSD（Direct Store Delivery）に依存していた。ウォルマートは、全米に大規模店舗を展開すると同時に、多数の物流センター（DC）を整備して自社管理のトラックで店舗に商品を配送する自社DC方式に切り替えた[15]。大量のプライベート商品を販売するウォルマートは、生産・輸入拠点に近い場所から消費者に近い場所まで、目的に応じて数種類の物流拠点を戦略的に整備してきた。他社に先駆けて強化したサプライチェーンすべてに渡るロジスティクス能力が、同社の大きな強みとなっている。

　米国内に物流施設数は195カ所あり、目的に応じて区分されている[16]。Regional Distribution Center（RDC）は、平均床面積107,000m^2、従業員数1,000人以上の大規模物流センターである。90～170店舗への商品配送を受け持ち、店舗への配送距離は片道約200km程度である。

　Food DC は、温度帯管理が必要な生鮮品を含む食品を対象に、店舗への配送機能を担っている。平均床面積平均床面72,500m^2、従業員数800人程度の規模である。

　Fashion DC と Specialty DC は、衣料品、眼鏡、医薬品、印刷物、タイヤ等に特化した専用物流センターである。Specialty DC のなかには、輸出やリバースロジスティクスに特化した専用物流センターも含まれている。

　Import DC は、海外調達の要として港湾、鉄道駅付近に整備され

（15）　2020年1月期年次報告書によれば、ウォルマートの店舗商品の約79%、サムズクラブの店舗商品（燃料以外）の約73%が、自社DC経由である。物流センターを経由しない商品のほとんどは、飲料、菓子等、大手食品メーカーによるDSDである。
（16）　3PLが運営する専用施設を含むMWPVLによる数値。ウォルマート年次報告書によれば162カ所。

ている。大型コンテナで輸入された商品は、ここで取り下ろされ各地の物流センターに中継される。ウォルマートの物流施設は自社運営が基本となっているが、Import DC は労務管理が困難なため、シュナイダー（Schneider Logistics）等の3PL にアウトソーシングしている。

Center Point は、国内調達商品を混載して、各地の DC に集約輸送するための DC である。メーカー等納入業者がバラバラに全国の DC 向けに輸送する代わりに、Center Point にまとめて納品し、他の納入業者の商品とともに混載して DC に中継輸送する。

サムズクラブは、専用の物流センターだけでなく、ウォルマートの上記物流施設も利用している。ウォルマートの DC は Import DC を除き自社運営が基本となるが、サムズクラブ専用 DC の運営は3PL にアウトソーシングしている。

拠点間の輸送体制についてみると、ウォルマートは、生鮮食品の大部分は専門トラック業者と契約して輸送しているが、それ以外のほとんどの商品は自社トラックで輸送している[17]。自社トラックの年間総距離は 7 億マイル、ドライバーの平均走行距離は10万マイルに及ぶ。ルート最適化技術を導入することにより、空車走行を抑制し排出ガス削減に努めている。

サムズクラブは、一般商品でも自社トラック以外に営業用トラックを利用している。生鮮食品の輸送では、専門トラック業者と契約している。

（17）　LeCavalier（2016）によれば、2008年時点でドライバー7,400人、トラクター6,500台、トレーラー54,540台の規模である。ドライバーは、商品を積載したトレーラーをトラクターで DC から店舗バックヤードまで牽引し、トレーラーを切り離す。店舗では、荷下ろしを待つことなく、空トレーラーを牽引して DC に戻る。

表7.8　ウォルマートの物流センターの概要（2021年2月）

種類	拠点数	床面積（千ft²）
Regional General Merchandise DC（RDC）	42	50,115
Food DC（Full line grocery, Perishables, Dry Grocery）	45	36,283
Fashion DC	7	8,045
E-Commerce Fulfillment Center	27	21,288
Sam's club dark store	6	827
Specialty DC（Export, optical, pharmacy, print & mail, tire, beef, return）	23	4,001
Import DC	11	20,000
Center Point DC	11	1,650
Sam's Club DC	23	3,178
合計	195	145,388

注：1ft²は約0.09m²
資料：MWPVL　https://www.mwpvl.com/html/walmart.html

7.4.5　ネット通販への取り組み

　ウォルマートの EC への取り組みは、2000年 Walmart.com と Samsclub.com の設立から始まった。2007年には、オンライン注文商品の実店舗受け取りを開始し、オムニチャネルを手掛け始めた。

　2009年には、サードパーティセラーが販売するマーケットプレイスを開始した。その結果、ウォルマートは品揃えを大幅に拡充することができ、出品者もマーケットプレイスの選択肢が増えた。

　その後、新興 EC 企業 Jet.com 等の買収や積極的な投資等により規模を拡大し、ウォルマートの EC 販売額はアマゾンに次ぐ全米第2位を占めるまでになった。

　EC のロジスティクスについては、既存の店舗向け DC を活用してきた。その一方、2013年には EC 専用 DC を開設し、2021年2月現在その数を27カ所まで増やした。このほかサムズクラブ店舗の中には、EC 専用の MFC としてダークストアに転換したものが6カ所ある。

　2020年 2 月には、出店者向けに在庫管理から配送まで物流業務を受託するウォルマート・フルフィルメント・サービス（WFS）を開始した。同年 6 月には、マーケットプレイスに出店者を誘致するため、ショッピファイとの提携を発表した。ショッピファイを利用する EC 事業者1,200社の出店を見込んでいる。

　ウォルマートは、自社の機能プラットフォームを活用することにより、フルフィルメント以外に、後述の配送やサブスクリプション、広告等のサービスを開始している。実店舗やロジスティクス等の巨大な機能プラットフォームを利用することにより、ウォルマートならではの複合型ビジネスモデルを展開していくと予想される。

7.4.6　店舗網を活用したオムニチャネル

　小売業者としてのウォルマートの圧倒的な強みは、全国に設置された実店舗網である。ウォルマートは、全米最多の店舗数を活かしたオムニチャネル戦略を展開しており、コロナ禍でもその取り組みが効果的な役割を果たしている。

　なかでも、オンラインで購入した商品を店頭で受け取る BOPIS（Buy Online Pickup In Store）が人気を集めている[18]。その理由は、混雑する店内で時間をかけて商品を探しレジ待ちをするのではなく、注文商品を店頭で受け取った方が感染リスクを下げられるからである。さらに、ネット通販と比べて配送料金がかからず、短いリードタイムで商品を受け取ることができる。

　ウォルマートは、店頭ピックアップ（オンライン注文商品を最短 4 時間後に店頭専用デスクで受け取り）、カーブサイド・ピックアップ（専用駐車場で車に乗ったまま注文商品を受け取り）、オートメイテッド・ピッ

---

(18)　欧州等では Click and collect（C&C）と呼ばれることが多い。

クアップ（前者をさらに自動化）、ピックアップ・タワー（店内のタワーで自動受取り）、ピックアップ・ディスカウント（店頭受け取りで一部商品を割引）等、様々な受け取り方法を用意した[19]。

　配送サービスでも、最寄りの実店舗から短時間で配送することで強みを発揮している。2016年には、リース車両を主とする配送事業者パーセル（Parcel）を買収し、自社配送力を拡大している。2018年には、クラウドソーシングによる Spark Delivery を開始し、全国に拡大している。2021年には、他の小売店に Spark Delivery を配送サービスとして外販する GoLocal を開始した[20]。

　さらに、アソシエイト配送（店舗従業員が帰宅途中に商品を配送）、買物代行事業者（インスタカート、ドアダッシュ、デリブ、ポストメイツ、ウーバー等）との提携等により、ウォルマートの得意とする食品分野を中心に配送サービスを強化している。

　2019年には、一部地域で家庭内配送（in-home delivery）を開始した。19.95ドル／月の料金（チップ不要）で、カメラ監視のもと配送員が家庭内の冷蔵庫への食品保管まで含めて家庭内に配送するサービスである。コロナ禍では、マスク、手袋を着用し、触ったものの消毒まで行い、対象商品を医薬品まで拡大し、返品も受け付けている。

　2020年9月には、従来の配送料無料会員サービス（デリバリー・アンリミテッド）を強化し、ウォルマート・プラス（年会費98ドル）を開始した[21]。対象店舗数が2,700から4,700以上に拡大され（全米の70%

---

(19)　日経ビジネス2020年9月4日「ウォルマートと Amazon に学ぶコロナ後の流通に必要な3つの施策」。Jindal, et. al.（2020）は、両社の競争を分析すると、実店舗小売りは、迅速な配送で競争するよりも、品揃え、価格、利便性等、小売業の基本的な特性で勝負した方が有効と指摘している。

(20)　Washington Post、2021年8月24日「Walmart expands delivery service to outside business in its new battlefront with Amazon」。Home Depot が GoLocal の最初の顧客になった。

(21)　アマゾンプライムに対抗するためのウォルマートによる本格的なサブス

をカバー)、系列・提携ガソリンスタンドでの割引、スキャン＆ゴー
(商品をセルフスキャンしセルフ・レジで決済)等が利用できるようになっ
た。12月には、翌日・翌々日無料配送については最低購入金額35
ドルが撤廃され、購入金額に関係なく何度でも無料配送になった。
2021年3月には、当日配送(追加料金10ドル)でも最低購入金額35ド
ルが撤廃された。グローサリー商品を当日配送可能な店舗数は
3,000店に拡大した(プレスリリース2021年3月1日)。HomeValet が開
発する3温度帯スマートボックスを利用して、生鮮品の宅配サー
ビスをアーカンソーで開始する計画も報道されている(プレスリリー
ス2021年1月12日)。

7.4.7　自動化・無人化への取り組み

　店頭在庫を利用したネットスーパーでは、物流センターからの配
送と比べて、店頭でのピッキング作業の効率化が重要な課題となっ
ている。店頭で一段階余計にピッキング工程が加わるだけでなく、
顧客が店内で買い物をするなかでのピッキングとなるため機械化が
困難である。ウォルマートでは、17万人ものパーソナルショッ
パーが店頭で商品をピッキングし、配送に回す作業を行っている。
　プレスリリース(2021年1月27日)によれば、ピッキングをロボッ
トが行う LFC (local fulfillment center) を組み込んだ店舗の数を拡大す
る計画である。LFC は、店舗内や隣接地に設けられ、生鮮品・冷凍
食品を含め最寄り品を保管する規格化された小型倉庫である[22]。

クリプション(継続課金)サービスと評価されている。日本経済新聞2020
年8月19日「米ウォルマート、サブスクで生鮮配送」
(22)　LFC は一般的には MFC (Micro Fulfillment Center) と呼ばれている。LFC
　の規模は450m^{2}あり、日本の感覚からするとあまり小規模ではない。Grocery
　Dive、2021年1月27日。

2019年に実験的に設けられたLFCでは、在庫引き当ての確率が上がり、迅速かつ効率的に行われることが実証された。消費者が注文商品をピックアップするドライブスルーを付加したLFCの設置も、計画されている。このLFCであれば、消費者はオンライン注文商品を、より短時間に接触を避けながら受け取ることができるようになる。

　輸配送の自動化については、中継輸送では、自動トラックのスタートアップGatikとともに自律運転実験を開始している（プレスリリース2020年12月15日、Food on Demand News 2021年1月7日）。アーカンソー州内のダークストアからネイバーフッドストアまで約3.2kmの区間で、複数温度帯荷室を搭載した自律運転トラックを用いた実証実験を行い、総走行距離70,000kmを積み重ねた。この実験では安全確保のため運転者が同乗したが、2021年にはウォルマートとしては初の乗員なしの自律運転実験をアーカンソーとケンタッキーで行う予定である。ニューオーリンズでは、スーパーセンターからWalmart Pickup Point（指定受取場所）まで、約32kmの区間で保安員同乗のもと自律運転実験を行う計画である。

　この他自動化については、GMの電気自動車子会社Cruiseとともに2021年からアリゾナで実証実験を開始する（プレスリリース2020年10月10日）。2040年までにカーボンニュートラル達成を誓約し、ラストマイルの自動化と電動化を推進している。

　ドローン配送についても、新興企業との提携により2020年から試験運用を開始している。ノースカロライナ州では、Flytrexとともに食料品の配送試験を開始した。アーカンソー州では固定翼型ドローンを開発するZiplineとともに健康・医療関連商品の配送試験を開始した（プレスリリース2020年9月14日）。

7.5　ウィズコロナ時代の小売ロジスティクス

7.5.1　拡張可能性の高い LPF の構築

　COVID-19は、米国小売市場に凄まじい影響を及ぼしている[23]。2020年の米国の EC 販売額は急増し、EC 化率が数年分急上昇した。分散型配送拠点（実店舗含む）からのスピード配送競争が繰り広げられ、実店舗が強い食料品や日用品の分野まで EC 化が進んだ。

　EC 市場のガリバーであるアマゾンは、2020年のオンライン販売額を対前年比46％増の1,973億ドルに増やした。取扱能力を拡大するため、業員数は63％増の130万人体制に、物流拠点は分散型配送拠点を中心に約300カ所増やし815カ所になった。クラウドソーシングにより、わずか１年で自社配送個数は年間19億個から42億個に増大した。

　一方、ウォルマートの2020年売上高は、対前年比8.5％増の3,700億ドルとなった。感染防止対策やオムニチャネル体制のため、社員数は150万人まで急増した。コロナ禍で実店舗のなかには休業を余儀なくされたものもあったが、多くの店舗で商品ピックアップ施設や MFC を整備し、家庭への配送力をクラウドソーシングで増強した。

　両社が短期間にここまで取扱能力を急拡大できたのは、従来から柔軟に拡張可能な LPF を構築してきたためである。両社とも、全国に様々な機能を持つ物流拠点を多数配置し、自社主導でサプライチェーン LPF を構築してきた。DC では自動化機器やロボットの

---

(23)　スティーブンス（2021）は、コロナ禍の米国小売の状況を詳解し、ネット通販の独壇場に対する実店舗の対応策を検討している。

導入を進め、柔軟に取扱能力を拡大できるようにしてきた。コロナ禍では、実店舗を MFC に転換し、クラウドソーシングにより配送体制を大幅に増強している。

　日本ではロックダウンを伴うほど厳しい措置が導入されず、ネット通販が急増したといっても EC 化率は米国の半分程度である。しかし、米国小売りで加速している EC 化とオムニチャネルの動きは、日本でも顕著である。それを支える拡張可能性の高い LPF の構築は重要な課題であり、両社の革新的な取り組み事例は参考になるであろう。

7.5.2　持続可能性の高い LPF を目指して

　2022年に入りオミクロン株の感染が急拡大し始め、さらに今後も変異株の流行が予想されるようになってきた。コロナとの共存を前提としたウィズコロナ時代が始まっている。ウィズコロナ時代には、接触の少ないネット通販やオムニチャネルがより効率的に利用できるようになることが期待されている。

　しかし、現在はラストマイルでの配送に労働力が欠かせず、店頭受取でもピックアップに人手がかかっている。これまではコロナ禍で失業率が高まり大量の労働力を確保できたが、ウィズコロナ時代に移行し、サービス業等でも雇用が戻りつつある。労働者の間でも、コロナ感染を恐れて接触度の高い仕事を忌避する動きがみられる。

　当面の対応策としては、賃金を上げ労働環境を改善して労働力を確保するしかない。アマゾンとウォルマートは大幅に時給を引き上げて大量採用を続けており、UPS やフェデックス等の物流事業者も同様な対応を取っている。運賃や配送料金、サブスクリプション料金等の値上げの動きが続いており、消費者も受け入れざるをえない。

　地球環境問題への対応にも迫られている。アマゾンとウォルマートは、2040年カーボンニュートラル達成を宣言しており、ミドルマイルでの自動運転やラストマイルでのロボット、ドローン等の実用化に向けた取り組みを開始している。これらの施策は、労働集約性的な LPF の労働生産性を高めることにもつながる。

　両社の取り組みにみられるように、持続可能性の高い LPF の構築は、将来に渡って競争優位のカギになっている。今後も革新的な LPF が展開されていくことが期待される。

参考文献

久保田直宏（2018）「EC と小売の融合による収益モデル再構築 ～新たな競争ステージへの対応策～」『みずほ産業調査』Vol. 59、No. 1

後藤文俊（2020）「米国市場報告：アマゾン vs ウォルマート」『ロジビズ』6 月号

城田真琴（2018）『デス・バイ・アマゾン』日本経済新聞出版社

スティーブンス、ダグ（2021）『小売の未来』（斎藤栄一郎訳）プレジデント社

関根孝（2020）「オムニチャネル化と実店舗の存在理由」『専修商学論集』

田口冬樹（2019）「流通イノベーション研究：アマゾンの成長過程と競争優位の源泉」『専修経営学論集』108巻

林克彦（2020）「プラットフォーマーが描く小売りの未来」『Logi biz』6 月号

林克彦（2021）「米国における COVID-19のネット通販物流への影響」『日交研シリーズ』A-818

Jindal, P. Jindal, Dinesh K. Gauri, Wanyu Li, and Yu Mad（2021）, "Omnichannel battle between Amazon and Walmart: Is the focus on delivery the best strategy?", https://www.ncbi.nlm.nih.gov/pmc/articles/PMC7492145/

LeCavalier, Jesse（2016）, *The Rule of Logistics: Walmart and the Architecture of Fulfillment,* University of Minnesota Press.

第 8 章

コンテナ物流事業の構造変化
―メガキャリアとメガフォワーダーによる市場再編―

8.1　コンテナリゼーションの影響

　物流産業におけるイノベーションの代表例として、しばしばコンテナリゼーションが挙げられる。コンテナリゼーションは、物流コスト低減を通じて経済のグローバリゼーションを促進するなど、物流産業のみならず経済社会を革新した[1]。コンテナ物流は、グローバル経済におけるロジスティクスプラットフォーム（LPF）として重要な役割を果たしている。

　定期船事業は、規格化されたコンテナを前提に、専用船やガントリークレーン等の大型荷役機械が導入され、極めて資本集約的な産業に変貌した。船社は、規模の経済を追求しメガシップ（巨大船舶）を競って投入している。

　コンテナを共通輸送用具として利用することにより、海上輸送と陸上輸送は結び付けられた。港間の海上輸送だけではなく、ドアツードアの複合輸送が可能になった。大陸諸国では、国内輸送でもコンテナが用いられるようになった。コンテナは物流の基本ユニットの一つとなり、コンテナ物流は重要な事業になった。

　コンテナ物流のプラットフォームは、コンテナ船社が主に担っている。フォワーダーもまた、複合輸送やロジスティクスサービスで重要な役割を果たしている。フォワーダーは、利用運送事業者として海上輸送や複合輸送を提供するだけでなく、LSP（Logistics Service Provider）として荷主企業のロジスティクスニーズに応えている。船社も、フォワーディング部門を設けるなど垂直的に事業を拡大することにより、荷主ニーズに対応している。

　リーマンショック以降、定期船市場は過剰船舶状態に陥り、少数

（1）　レビンソン（2019）等参照。

のメガキャリアとグローバルアライアンスへ市場集中が加速している。荷主との結びつきが強くサービスの差異化が重要とされるフォワーダー事業では、定期船ほど著しい市場集中は起きていないが、メガフォワーダーの台頭が目立つようになった。さらに、ロジスティクスサービス市場では、フォワーダーとキャリアが競合する局面も増えている。

　以下では、リーマンショック以降を中心にコロナ禍の状況も含め、成熟期を迎えたコンテナ船市場とフォワーディング市場の構造変化を分析する。両者を統合したコンテナ物流の視点から、メガキャリアとメガフォワーダーの競争を通じてコンテナ物流にグローバルな構造変化が生じていることを指摘する。

8.2　コンテナ船市場におけるメガキャリア化

8.2.1　成熟期を迎えたコンテナリゼーション

　近年の世界のコンテナ輸送量（TEU ベース）をみると、グローバリゼーションの進展とともに、世界経済の成長率を上回る勢いで貿易が拡大してきた。定期船輸送のほとんどを担うようになったコンテナ船による輸送量は、貿易拡大とともにほぼ一貫して急成長を続けてきた。

　しかし、リーマンショックでは、世界同時不況による荷動き停滞からコンテナ輸送量が急減した。翌年にはV字回復を果たしたものの、その後は経済成長に対する貿易の停滞を示すスロートレード現象が顕著になった（図8.1）。コンテナ輸送の成長率は低下し、コンテナリゼーションは成熟期を迎えたと指摘されている[2]。

（2）　Rodrigue（2020）、95頁。2008年までのコンテナ取扱量成長率は GDP 成長率の約4倍だったが、2010年から2019年では1.1倍に低下した。

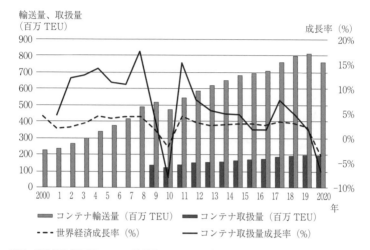

輸送量、取扱量
（百万 TEU）

成長率（%）

資料：世界経済成長率とコンテナ取扱量は UNCTAD（https://data.worldbank.org/indicator/IS.SHP.
　　　GOOD.TU）による。コンテナ輸送量は『数字で見る海事』による。

図8.1　世界の海上コンテナ輸送量・取扱量と成長率の推移

　2019年には、米中貿易摩擦によって中国航路の輸送量が減少したものの東南アジア航路が増大するなど、総量では増加となり過去最高の1億9,690万 TEU を記録した。同時に、世界の港湾におけるコンテナ取扱量も8億1,058万 TEU となった[3]。

　2020年には、新型コロナウイルス感染症の蔓延により世界の経済成長率がマイナスに転じた。コンテナ輸送需要も上半期は落ち込んだが、下半期には前年同期を上回るようになった。2020年通年では、対前年比6.4％減の1億9,460万 TEU となった。

（3）　コンテナ輸送量は船社の輸送量に基づいている。コンテナ取扱量は港湾での積み込み、取り卸し、トランシップ（積み替え）の回数に基づいており、輸出、トランシップ、輸入の際の取扱量が重複カウントされている。

8.2.2　船舶の大型化と船腹過剰

　コンテナリゼーションは、1950年代に始まった[4]。専用コンテナ船が導入され、輸送コストを低減するために大型化競争が始まった。1988年には、パナマ運河を通航できないオーバーパナマックス型（4,300TEUクラス）が導入され、大型化が加速した。2006年には10,000TEUを越える船舶が登場し、メガシップの時代を迎えた。2013年には18,000TEU超クラスが登場し、現在の最大船型は24,000TEUに達している[5]。

　船社は、旺盛な輸送需要を取り込んで競争力を確保するため、大型船を次々と発注し市場に投入してきた。世界のコンテナ船の隻数は、2000年末の2,675隻から2008年末の4,659隻まで増加した。大型化が進んだため、世界のコンテナ船積載キャパシティは、2000年末の474万 TEU から2008年末の1,214万 TEU まで2.6倍に急増した。

　リーマンショック以降、コンテナ輸送需要の伸びは落ち着いたが、積載キャパシティはそれを上回って増加している。V字回復以降の需要増大を期待した投機的な建造発注もあり、コンテナ船隻数は2010年末の4,905隻から2019年末の5,250隻に増えた。さらに、平均船型が大型化したため、積載キャパシティは1,409万 TEU から2,280万 TEU まで1.6倍増加した。

（4）　1956年、トラック運送事業者であった Malcom McLean がコンテナを改造船で輸送した。その後 Sea-Land を設立し、コンテナリゼーションに貢献した。

（5）　小林・古市（2017）、OECD（2015）参照。船舶大型化により、運航コストは逓減するが、コンテナターミナルでの荷役コストが増加する。現在のメガシップは、荷役コストの上昇による規模の不経済が顕著になってきたという。また現在の最大型船はスエズ運河とマラッカ海峡の通航制約に近付いており、メガマックス型（18,000〜24,000TEU）が最大船型になるとの見方が強い。

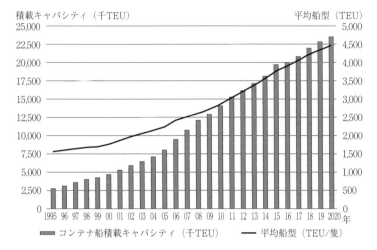

積載キャパシティ（千TEU）　　　　　　　　　　　　　　　平均船型（TEU）

資料：日本船主協会『海運統計要覧』。2019年及び2020年は日本郵船『ファクトブック』。

図8.2　世界のコンテナ船積載キャパシティ（千TEU）と平均船型（TEU）の推
　　　　移（各年末）

　需給関係を反映し、運賃市況は2009年に大幅に下落し、その後
修復と下落を繰り返してきた。船腹過剰を背景に2015年から2019
年まで、運賃は1998年水準を下回るほど低迷を続けた[6]。

　2020年に入ると、コロナ禍により当初輸送需要が減少したもの
の、8月以降になると輸送需要が急回復した。船社は減船や減速
運航等を解除し、輸送力を増やした。しかし、コンテナ不足[7]や港

（6）　China（Export）Containerized Freight Index（1998年1月1日基準）によ
　　　る中国から欧州、北米東岸、北米西岸向け運賃。国土交通省海事局（2021）
　　　参照。
（7）　コンテナ不足は、コロナ禍で、米国等の需要地からのコンテナ回収に時
　　　間がかかるようになったことやコンテナ船の航海時間が長期化しているこ
　　　とが原因と指摘されている。従来から船社やコンテナリース会社がコンテ
　　　ナ在庫を抑制していたところに、米中貿易摩擦のためコンテナ投資が鈍っ
　　　ていたことも影響している。オーシャンコマース（2020）参照。世界最大

湾混雑、船員交代難、スエズ運河座礁事故等、混乱が続き、供給が逼迫している。このため、運賃市況は、2020年末にかけて急騰し、その後も極めて高い水準で推移している。

8.2.3　市場集中化

コンテナリゼーションは、激しい運賃競争をもたらし、コスト低減のために大型船導入競争が繰り広げられた。大手船社を中心に買収・合併が繰り広げられ、メガキャリア（巨大船社）の市場集中度が高まった。

2001年のコンテナ船社の運航船腹量ランキングをみると、Sea-Land を統合した Maersk Line が 1 位を占めていた。 2 位には P&O Nedlloyd Line、 3 位、 4 位には急成長アジアを代表する Evergreen と韓進海運が入っていた（表 1）。

その後コンテナ市場の再編は加速し、2021年のランキングは様変わりしている。Maersk Line は P&O Nedlloyd、Hamburg-Sud 等の大型買収を続け、コンテナ船市場のトップを占め続けている。MSCは、船社としては歴史が浅いものの（1970年創業）、メガシップに積極的な投資を続け、Maersk Line と並ぶほどの規模に拡大している。オーナー企業の特徴が強い両社は、素早い経営判断と積極的な投資により船腹拡大競争を勝ち抜き、市場再編を強力に推し進めてきた。

世界最大の輸出国となった中国では、COSCO が CSCL と OOCLを統合して船腹量を拡大し、世界第 3 位を占めるようになった。 4 位を占める CMA-CGM は NOL/APL 等を、 5 位の Hapag-Lloyd も CP Ships 等をそれぞれ吸収し、規模を拡大した。 6 位には、邦船 3

のコンテナ生産国である中国では、2020年下半期からコンテナ生産工場がフル稼働状態に入っている。コンテナ不足問題に関する情報共有会合（2021）参照。

表8.1　コンテナ船運航船腹量ランキング

順位	2001年				2021年4月現在			
	船社	船腹量(TEU)	シェア(%)	累積(%)	船社	船腹量(TEU)	シェア(%)	累積(%)
1	Maersk Line/ Safmarine（デンマーク）	596,442	12.5	12.5	Maersk Line（デンマーク）	4,128,985	16.9	16.9
2	P&O Nedlloyd（英国/オランダ）	345,055	7.2	19.7	MSC（スイス）	3,902,661	15.9	32.8
3	Evergreen（台湾）/ Lloyd Triestino 等	324,874	6.8	26.4	COSCO（中国）	3,022,125	12.3	45.2
4	韓進海運（韓国）/ DSR Senator（ドイツ）	281,781	5.9	32.3	CMA-CGM（フランス）	3,016,687	12.3	57.5
5	MSC（スイス）	229,629	4.8	37.1	Hapag-Lloyd（ドイツ）	1,774,132	7.2	64.7
6	NOL/APL（シンガポール）	209,245	4.4	41.5	ONE（シンガポール）	1,609,453	6.6	71.3
7	COSCO（中国）	200,656	4.2	45.7	Evergreen（台湾）	1,327,918	5.4	76.7
8	CP Ships（英国）	171,035	3.6	49.3	HMM（韓国）	750,872	3.1	79.8
9	日本郵船	158,230	3.3	52.6	陽明海運（台湾）	628,467	2.6	82.4
10	CMA-CGM（フランス）/ ANL（オーストラリア）	141,770	3	55.5	Zim Integrated Shipping Services（イスラエル）	416,976	1.7	84.1
11	商船三井	141,731	3	—	—	—	—	—
13	川崎汽船	135,120	2.8	—	—	—	—	—
	世界	4,788,319	100	100	世界	24,479,057	100	100

資料：日本船主協会『日本の海運 Shipping Now』より作成

社がコンテナ部門を切り離して2017年に共同設立した ONE（Ocean Network Express）が入っている。

　上位10社のコンテナ船隊が世界の船腹量に占める割合は、2001年時点でも55.5％まで上昇していたが、2021年には84.1％まで高まった。2021年には、上位4社のシェアが57.5％に達しており、上位集中傾向が顕著になっている。

8.2.4　巨大化する事業規模

　メガキャリアの事業規模をみると、船腹量トップの Maersk Line の2020年売上高は292億ドルに及んでいる。非上場企業である MSC は売上高を開示していないが、船腹量等からみてほぼ Maersk Line と同程度の規模と推定される。COSCO Group と CMA-CGM の売上高は200億ドルを越え、Hapag-Lloyd と ONE は140億ドル台となっている。コンテナ船事業は、物流産業のなかで一際ビッグビジネスになっている。

　規模拡大に伴い売上高は増加したが、運賃低迷のため利益は低迷していた。ところが2020年は、コロナ下の運賃高騰により利益が急増した。Maersk Line は EBITDA（支払利息・税金・減価償却控除前利益）が対前年比47.5％増加した。他社も軒並みに、久方ぶりの急激な増益を記録した。2021年に入っても、輸送需要の増大と運賃水準の上昇が続いている。

　コンテナ船社は、これを好機としコンテナ船の新規建造発注を増やしている。2021年上期は、半期ベースで過去 2 番目となる317隻の発注があった[8]。コンテナ船建造価格は急上昇しており、2021年初から 6 月までに15％上昇したが、それでも発注は減少していないという[9]。数年後に新造船が進水する時期の市況によっては、再び船腹過剰に陥るリスクもあり、それが一層の市場再編につながる可能性もある。

（ 8 ）　日本経済新聞2021年 8 月 6 日。新規発注データはクラークソン・リサーチによる。

（ 9 ）　DHL Global Forwarding, *Ocean Freight Market Update*, August 2021による。

表8.2　メガキャリアの経営状況

船社	売上高（百万ドル）			利益（百万ドル）		
	2019年度	2020年度	伸び率	2019年度	2020年度	伸び率
Maersk Line	28,782	29,175	1.4%	4,436	6,545	47.5%
MSC	非公開			非公開		
COSCO Group	19,584	22,696	15.9%	960	2,122	121.0%
CMA-CGM	23,290	24,230	4.0%	3,215	5,499	71.0%
Hapag-Lloyd	14,499	14,688	1.3%	2,284	3,105	36.0%
ONE	11,865	14,397	21.3%	105	3,484	3,218.1%

注：ONE の会計年度は4月〜3月末、他社は暦年。
　　COSCO Group の利益は EBIT、ONE は税引き後営業利益、他は EBITDA。
　　Hapag-Lloyd の数値はユーロ／ドル＝1.15で換算。
資料：各社年次報告書等より作成。

8.2.5　グローバルアライアンス

　定期船社は、航路ネットワークを拡大し荷主サービスを向上させるため、船社間で提携協定を結んできた。協調体制はグローバル規模に拡大し、1990年代半ばには主要船社が参加するグローバルアライアンスが結成されるようになった。船社間の合従連衡が進み、異なるグローバルアライアンスに属する船社の買収・合併等も増え、提携関係はしばしば変化してきた。

　2015年には、コンテナ船市場の最上位を占める Maersk Line と MSC による2M アライアンスが結成され、他のグローバルアライアンス（CKYHE、G6、OCEAN3）に大きな影響を及ぼした。2020年末現在、3つのグローバルアライアンス（2M、Ocean Alliance、The Alliance）に再編され、それぞれの船腹シェアは33.1%、30.6%、19.2%となっている[10]。なお、邦船3社は異なるアライアンスに属していたが、統合された ONE は The Alliance に参加している。

（10）　国土交通省海事局（2021）参照。

　コンテナ船市場は、急速に船社の上位集中化が進み、アライアンスのレベルで寡占状態に至った。船社レベルでの集中度はそこまで高まっていないが、その理由として現段階では、メガキャリアであっても基幹航路で定曜日就航するほど多数のメガシップを配船することは、資金面やリスク対策上難しいことが指摘されている[11]。

8.3　メガフォワーダーの台頭

8.3.1　貿易を促進するフォワーダー

　貿易では、船舶や航空による国際輸送に加えて、通関や保険、書類作成、決済等が必要となる。さらに貿易に付随して、国内での港湾・空港までの集配や保管、流通加工等を必要とする場合も多い。生産や販売等を本業とする荷主企業にとって、貿易に関連したこれら一連の手続きは複雑で手間がかかるため、貿易関連業務は外注した方が効率的なことも多い。

　フォワーダーは、このような荷主ニーズに対応して、貿易関連業務全般を受託している。FIATA（国際フレートフォワーダーズ協会連合会）ではフォワーダー業務を次のように定義している。「フレート・フォワーダー業務とは、物品の運送、混載、保管、荷役、包装、配送およびこれらに関する付帯業務及び及び助言業務のすべてを言う。同サービスには、税関手続きや納税手続のために申告すること、物品の付保、物品に関連しての支払いの取り立て、書類の入手

---

(11)　例えば、2M は欧州航路に6ループを設けているが、各ループのラウンド日数は112日、91日、126日、84日、91日、77日かかる。定曜日サービスを提供するため、各ループにそれぞれ16隻，13隻、18隻、12隻、13隻、11隻、合計83隻を共同で配船している。オーシャンコマース（2020）参照。

業務を含むが、これらに限定されるものではない。」[12]

8.3.2　フォワーダーによる利用運送

　同定義に示されるように、フォワーダーは様々な業務を提供しているが、その中心業務は「物品の運送、混載」である。実運送手段を保有しないフォワーダーは、実運送業者（船社、航空会社、鉄道等）の利用運送または運送取扱により独自の輸送サービスを提供している。

　コンテナ船市場で、フォワーダーは NVOCC（Non Vessel Operating Common Carrier）として重要な役割を果たしている[13]。もともとフォワーダーのコンテナ取り扱いは、船社が積極的に取り扱わない小口の LCL（Less than Container Load）貨物が中心だった。ところが、コンテナ船市場で規制緩和が続き、船社との交渉により運賃が決定されるようになり、コンテナ単位の FCL（Full Container Load）でも利益を確保しやすくなった。

　取扱貨物が多いほど船社との交渉が有利になるため、フォワーダーは取扱規模の拡大を激しく競うようになった。2019年におけるフォワーダーによるコンテナ取扱量は5,800万 TEU と推定されており[14]、船社のコンテナ輸送量19,690万 TEU の約 3 割を占めるようになった。

　フォワーダーのコンテナ取扱量ランキングをみると、欧州系と中

---

(12)　JIFFA（2017）、2 頁。

(13)　1984年米国海運法によって、NVOCC が定義された。NVOCC は、自ら船舶を運航しないが、船社を利用運送することにより、荷主に対しては公共運送人となる。非船舶運航公共運送人と訳されることもある。NVOCC は船社と同等な公共運送人として認められることになり、多くのフォワーダーが NVOCC 事業に進出した。2005年には、船社と NVOCC との間で、非公開のサービスコントラクト（SC）を締結することが認められた。

(14)　DHL Annual Report による。

表8.3　世界のフォワーダーによるコンテナ取扱量（2019年）

順位	会社名	国	取扱量 (千 TEU)	シェア	累積
1	Kuehne+Nagel	スイス	4,861	8.4%	8.4%
2	DHL Global Forwarding	ドイツ	3,207	5.5%	13.9%
3	Sinotrans	中国	3,770	6.5%	20.4%
4	DB Schenker	ドイツ	2,294	4.0%	24.4%
5	DSV Panalpina	デンマーク	1,907	3.3%	27.7%
6	Kerry Logistics	香港	1,250	2.2%	29.8%
7	Expeditors	米国	1,125	1.9%	31.7%
8	CEVA Logistics	フランス	1,050	1.8%	33.6%
9	C.H. Robinson	アメリカ	1,000	1.7%	35.3%
10	Hellmann Worldwide Logistics	ドイツ	955	1.6%	36.9%
13	郵船ロジスティクス	日本	764	1.3%	
15	日本通運	日本	703	1.2%	
世界合計			58,000		100.0%

資料：DPDHL（Deutsche Post DHL）Annul Report、日本郵船ファクトブックより作成。

国系のフォワーダーが上位を占めている。後述のように欧州系フォワーダーは欧州市場統合の過程で規模を拡大し、メガフォワーダーを志向するようになった。中国は世界最大の貿易国として大量のコンテナ貨物を輸出するようになり、船社だけでなくフォワーダーも急成長を続けている。なお、日系フォワーダーは、荷主企業の海外展開に合わせて自らも海外展開を拡大しているものの、取扱量はそれほど増えていない[15]。

---

(15)　平田（2013）より2011年の取扱量をみると、郵船ロジスティクス450,000 TEU、日本通運706,411TEU である。これと比べ2019年には、郵船ロジスティクスは314,000TEU増となったが、日本通運はほぼ横ばいだった。一方、Kuehne+Nagel は1,587,000TEU増、DHL は483,000TEU増、DB Schenker は531,000TEU増となり、日系フォワーダーと比較して著しく増加している。

海上フォワーダー市場の集中度をみると、上位 3 社で20.4％、上位10位で36.9％に留まっている。定期船と異なり規模の経済がそれほど働かないことや、荷主企業と密接な関係をもとにきめ細かなサービスの提供が必要になることなどが関係していると考えられる。

8.3.3　複合輸送

　コンテリゼーションによって、海上輸送と陸上輸送が結合され、輸送サービスはドアツードアの複合輸送に拡大した。コンテナ船社は、内陸部に拠点を拡大し、トラックや鉄道を利用した複合輸送サービスを拡大してきた。

　自ら輸送手段を保有しないフォワーダーは、様々な船社や航空会社等の輸送サービスを組み合わせて、独自の複合輸送サービスを開発している。船社と比べて、荷主ニーズに柔軟に対応し小回りの利いた多様なルートを開発しており、小口ニーズに対応した LCL 混載サービスにも力を入れている。

　もっとも輸送量が多い複合輸送ルートは、北米大陸のコンテナ 2 段積み列車（DST）を利用したサービスである[16]。船社と鉄道会社が連携して、船社専用のブロックトレインを仕立てることによりシームレスな複合輸送を実現したことは革新的であった。アジアから北米東岸・ガルフ地域への輸送では、パナマ運河を通航するオー

---

(16)　複合輸送に関する統計については、海運同盟が存在していた時期には主要ルートの輸送量が公表されていたが、同盟解散後ほとんど発表されなくなった。アジアと米国を結ぶ重要な輸送ルートであり、鉄道統計等からみても、このルートの輸送量が最大と推察される。なお、アメリカランドブリッジ（アジア～北米西岸に海上輸送、北米東岸へ大陸横断鉄道、欧州まで海上輸送）やシーアンドエア（海空複合輸送）のように、海上運賃や航空運賃の低下によって成立しなくなった複合輸送サービスもある。

ルウォーター輸送より複合輸送の方が効率的になり、オーバーパナマックス船が急増する一因ともなった。

　最近注目されている複合輸送ルートとして、チャイナランドブリッジが挙げられる。中国の一帯一路構想のもと、中国と欧州を結ぶ鉄道が整備され、定期列車となる中欧班列が運行されている。コロナ禍で欧州航路が混乱し運賃が高騰するなか、中欧班列の輸送量は急増している[17]。フォワーダーのなかには、日本から中国まで海上輸送して中欧班列に接続する複合輸送サービスを販売しているものもある[18]。

8.3.4　グローバル・ロジスティクスサービス

　FIATA の定義にあるように、フォワーダーは荷主の求めに応じて、列挙しきれないほど多様な業務を提供している。最近の荷主のロジスティクスニーズは、高度化し地球規模に拡大している。フォワーダーは、荷主ニーズに対応して、グローバル規模で保管や流通加工等を組み合わせたロジスティクスサービスを展開している。

　その方向性として、3PL（Third Party Logistics）が挙げられる。3PLは、実運送業者のように自社の取扱量拡大を目的とするのではな

---

(17)　Sinotrans, Annual Report 2020によれば、Sinotrans の中欧班列取扱量は2020年に対前年比23％増となった。中国国家鉄路集団による中欧班列の運行状況については、2020年に対前年比50％増となる12,406列車を運行し、中欧班列の輸送量は過去最高の113.5万 TEU を記録した。同年の欧州航路のコンテナ輸送量2,362万 TEU と比べればまだ僅かであるものの、急成長著しい。

(18)　日本通運は、日本から中国への海上輸送と中欧班列を組み合わせた複合輸送サービスを販売している。中国のインテグレーターである順豊は、日本と中国との間に自社航空便を運航し中欧班列と組み合わせた空鉄複合輸送を開始した。日本経済新聞2021年6月10日。

く、荷主企業との戦略的提携に基づきロジスティクスを最適化する。実運送手段を持たないフォワーダーは3PLの起源でもあり、ノンアセット型3PLとして大胆なロジスティクス改革を提案できる立場にある[19]。

最近では、これまでの経験を蓄積した3PLのシステムやノウハウを、産業別（自動車、家電、アパレル、量販店、Eコマース等）、地域別（特定国、地域、三国間等）に類型化し、分野別のロジスティクス・プラットフォームを提案するようになった。共通ニーズを持つ荷主企業にプラットフォームを共同利用してもらえれば、輸送機関や物流施設等の利用効率を向上させることができる。

例えば自動車産業向けのロジスティクス・プラットフォームでは、ジャストインタイム物流に則ったロジスティクスシステムがメニューに挙げられている。このプラットフォームを利用すれば、海外進出先でも、部品の国際調達やミルクラン集貨、VMI（Vendor Managed Inventory）が可能になる。

量販店向けのロジスティクス・プラットフォームでは、現地での検品・検針やバイヤーズ・コンソリデーション等が提供されている。バイヤーズ・コンソリデーションでは、小口調達した商品を現地で混載しFCLとして輸入することにより、物流コストを低減できる。

グローバル・ロジスティクスサービスは様々な要素から構成されるため、その市場規模の推定は難しいが、DPDHL（Deutsche Post DHL）では主要企業の部門別売上高等から2,279億ユーロと推定している。上位3社の占める比率は10.5％、上位10社では19.2％に留まっており、グローバル・ロジスティクスサービス市場の集中度は低い[20]。

---

(19)　欧州では、コントラクトロジスティクス（contract logistics）と呼ぶ場合が多い。

(20)　DPDHL Annual Report 2020による。上位企業のシェアも推定している

8.3.5　M&A（買収・合併）による規模拡大

コンテナ輸送やロジスティクスサービス市場では大手フォワーダーの市場シェアが徐々に高まっており、上位企業はメガフォワーダーと呼ばれるようになった[21]。日本の物流事業者にとっても、グローバル規模のメガフォワーダーへの成長は重要な経営課題となっている[22]。

郵便民営化後、ドイツポストは世界一のグローバルロジスティクスプロバイダーに成長することを目標に掲げ、多数の物流企業を買収し急成長した。インテグレーターでは DHL、フォワーダーでは Danzas、AEI 等、コントラクトロジスティクスでは EXEL 等、各事業で代表的な企業を含め、100社を超える企業を買収した[23]。規模の経済と範囲の経済を意識した拡大戦略により、総収入668億ユーロ、EBIT48億ユーロ（ともに2020年）と物流業界で圧倒的な地位を確保している。DPDHL には、大規模なエクスプレス（191億

が、Armstrong & Associates による Top 50 Global Third Party Logistics の順位とはやや異なっている。DPDHL のリストによれば、上位企業のシェアは DPDHL 5.9 %、XPO Logistics（米国）2.4 %、Kuehne+Nagel 2.2 %、CEVA 1.7%、日立物流 1.6%、UPS Supply Solution System 1.6%、DB Schenker 1.2% である。

(21)　平田（2012）は、メガフォワーダーとして DHL、Kuehne+Nagel、DB Schenker、Panalpina、Expeditors を挙げている。2020年の総収入をみると、DPDHL 669億ユーロ、Kuehne+Nagel　221億ユーロ、DB Schenker　177億ユーロに続き、第 4 位に Sinotrans 110億ユーロが入り第 5 位 Expeditors 101億ユーロとなっている。

(22)　日本通運は、『日通グループ経営計画2023』で「M&A を活用し、グローバル市場で存在感を持つメガフォワーダーへ非連続な成長を遂げる」と謳っている。

(23)　みずほ銀行産業調査部（2015）、JETRO ブリュッセルセンター（2006）参照。

ユーロ）と郵便（156億ユーロ）部門があり、これらと相乗効果が高い
Eコマース部門（48億ユーロ）も設置している。

　Kuehne+Nagel は、フォワーディングと内陸輸送を中心に買収を
重ね規模を拡大している。フォワーディング事業に限定すれば、そ
の売上高は DPDHL を上回り世界一である。トラック輸送など内
陸輸送やコントラクトロジスティクスの規模が大きいことも特徴と
なっている。コントラクトロジスティクスでは、専門家500人がE
コマース、消費財、医薬品、航空、自動車等の産業向けにソリュー
ションサービスを提供している。

　DB（ドイツ国鉄）の物流部門である DB Schenker は、グローバル規
模の統合輸送・ロジスティクス企業のリーダー（the leading integrated
transport and logistics services provider with a global reach）を目指している[24]。
トラック輸送では欧州最大手であり、北米でもネットワークを拡大
している。DB の別部門となる DB Cargo による鉄道貨物輸送も欧州
トップである。コントラクトロジスティクスでは、フルフィルメン
ト、リバースロジスティクス、Eコマース、生産、付加価値サービ
スを商品化している。

　1976年創業の DSV は、フォワーダーとしては歴史が浅いが、
DFDS Dan、Frans Maas、ABX Logistics 等、有力事業者を買収し
規模を拡大した。2019年には、老舗フォワーダー Panalpina を統合
し、DSV Panalpina となった。統合後は、トラック輸送の売上規模
で DB Schenker を上回り、フォワーダー事業でも世界第4位と
なった。同社のソリューション部門は、倉庫、フルフィルメント、
コントラクトロジスティクスを提供しており、自動車、ヘルスケ
ア、小売、Eコマース等向けに多様なサービスを提供している。

　欧州発祥のメガフォワーダーは、世界中に拠点を展開しており、

（24）　DB integrated report 2020による。

表8.4　メガフォワーダーの部門別収益状況（2020年）

	Deutsche Post DHL Group（DPDHL）	Kuehne+Nagel	DB Schenker	DSV Panalpina
売上高	668億€（5.5%）	221億€（-5.9%）	177億€（3.4%）	151億€（22.4%）
EBIT	48.47億€（17.4%）	9.95億€（0.8%）	7.11億€（32.2%）	12.38億€（47.3%）
地域分布	売上の分布ドイツ30%その欧州28%米州19%アジア太平洋18%その他4%	営業利益の分布EMEA（欧州、中東、アフリカ）41%米州29%アジア太平洋30%	全DBの売上分布ドイツ54%その欧州30%米州9%アジア太平洋6%その他1%	営業利益の分布EMEA47%米州23%アジア太平洋30%
従業員数	571,974人	78,249人	74,200人	56,000人
フォワーディング	Global Forwarding, Freight 159億€内 Sea F/W 34億€ Air F/W 61億€	Sea logistics 83億€ Air logistics 54億€	Air and ocean freight 82億€	Sea 38億€ Air 58億€
コントラクトロジスティクス	Supply Chain Solutions 125億€ eCommerce Solutions 48億€	Contract logistics 50億€	Contract logistics 27億€	Solutions 19億€
その他	Express 191億€ Deutsche Post 156億€	Road Logistics 34億€	Land transport 67億€	Road 40億€ 部門間相殺（-5億€）

注：各社2020年実績。（　）内は対2019年増減率。
　　スイスフラン/€=0.93、クローネ/€=0.13で換算。
資料：各社ホームページ、年次報告書等より作成。

本国以外でも大きな収益を計上している。DPDHLについてみると、全売上高の30%をドイツ、28%をその他欧州で上げているものの、米州で19%、アジア太平洋でも18%を稼いでいる。Kuehne+Nagelは、営業利益の41%をEMEA（欧州、中東、アフリカ）、29%を米州、30%をアジア太平洋で上げている。DSV Panalpinaも同様に、営業利益の47%がEMEA、23%が米州、30%がアジア太平洋からである。

メガフォワーダーのグローバル投資は、収益に大きく貢献する段階に達している。

パンデミック禍の2020年、フォワーダーの取扱量は上半期に減少したが、下半期はそれを上回る回復となった。通年の売上高をみると、Kuehne+Nagel は -5.9％となったが、他社は増加している。EBIT をみると、Kuehne+Nagel も増益となり、他のメガフォワーダー3社は前年比2桁の増益を記録した。

8.3.6　メガキャリアのフォワーダー事業への取り組み

コンテナ船社は、自社や加盟するコンソーシアムの航路だけでは、荷主企業が必要とする輸送ルートや輸送頻度等のニーズに対応することができない。このため、船社自体がフォワーダー部門を設置して、競合する船社や航空輸送等を利用運送している。船社間の競争は、定航部門では激しく競い合いながら、そのフォワーディング部門では競合船社のサービスを利用するなど、複雑である。

A.P. Moller Maersk は、「global integrator of container logistics」になることを目標に掲げ、陸上の端末輸送まで含めたシームレスなネットワークサービスの提供を目指している 。グループは、コンテナ船事業 Maersk Line と Logistics & Service、Terminal & Towage、その他から構成されている。2020年のグループ売上高397億ドルのうち、Maersk Line が292億ドルを占めている。Logistics & Service 部門は、買収を通じ拡大を続けており、フォワーディング事業や複合輸送、SCM 等による部門売上高は2020年に70億ドルになっている。

MSC は、コンテナ船（Mediterranean Shipping Company）を中心に、ロジスティクス（MEDLOG）、港湾ターミナル（TiL）、クルーズ、フェリー事業を運営している。MEDLOG は、70か国160拠点でト

表8.5　メガキャリアのロジスティクス部門の概要（2020年）

	A.P. Moller Maersk	MSC	COSCO	CMA-CGM
定期船	Maersk Line 292億ドル	Mediterranean Shipping Company	COSCO Shipping 227億ドル	CMA-CGM 242億ドル
ロジスティクス	Logistics & Service 複合輸送　27億ドル 海上 F/W　5億ドル 航空 F/W　8億ドル 内陸輸送　5億ドル SCM　10億ドル その他　15億ドル	MEDLOG	COSCO Shipping Logistics フォワーディング 倉庫、SCM、コントラクトロジスティクス、EC ロジスティクス	CEVA Logistics 74億ドル フォワーディング、倉庫、トラック輸送、コントラクトロジスティクス
ターミナル	Terminals & Towage 38億ドル	TiL	COSCO Shipping Ports	CMA Terminals & Terminal Link
その他	Manufacturing & Others 13億ドル	クルーズ、フェリー等	−	−

資料：各社ホームページ、年次報告書等より作成。

ラック6,000台、トレーラー9,000台により、複合輸送やロジスティクスサービスを提供している。

　COSCO Shipping Holdings 傘下には、コンテナ船事業の COSCO Shipping（OOCL を統合）とターミナル事業の COSCO Shipping Ports がある。関連会社として、COSCO Shipping Logistics があり、フォワーディング、倉庫、SCM、コントラクトロジスティクス、EC ロジスティクス等を行っている。

　CMA-CGM は、2019年に TNT Logistics を起源とする CEVA を買収し、グループ内のロジスティクス部門と併合して完全子会社化した。CEVA Logistics の売上高74億ドルは、船社系フォワーダーとしては最大である。ドアツードア・ロジスティクスのリーダー企

業として、世界160か国で様々なロジスティクスサービスを提供している。

8.4　コンテナ物流の展望

　最近のメガキャリアとメガフォワーダーの動向と、コンテナ物流やロジスティクスサービスへの取り組み状況は、図8.3のようになるだろう。

　コンテナリゼーションの成熟化を象徴するように、定期船市場ではメガキャリアが加盟するグローバルアライアンスによる寡占化が進展している。メガキャリアのなかには、フォワーディング事業に垂直統合を図ることにより、複合輸送や国内物流を含めた統合的なコンテナ物流に力を入れる動きもみられる。

　フォワーディング事業では、定期船ほど上位集中度は高まっていないものの、メガフォワーダーが台頭している。メガフォワーダーは、海上輸送だけでなく航空輸送やロジスティクス事業を手掛けており、活躍分野はグローバル・ロジスティクスサービスに拡大している。

　今後も、船社とフォワーダーの事業特性は大きく異なるため、それぞれの事業内での再編が続くとみられる。それと並行して、従来の事業区分を越えたメガキャリアやメガフォワーダーによる事業展開も見込まれよう。

　ここでコンテナ物流の需要面をみると、主要産業で集中化が進み、とくに貿易では巨大な荷主企業の交渉力が強まっている。現在は、コロナ禍の混乱で運賃が高騰しているが、ウィズコロナ時代になって大量の新造船が投入される頃になれば、再び運賃値下げ圧力が強まり、市場再編要因となるかもしれない。

　さらに荷主企業の中には、自らロジスティクスに取り組むことに

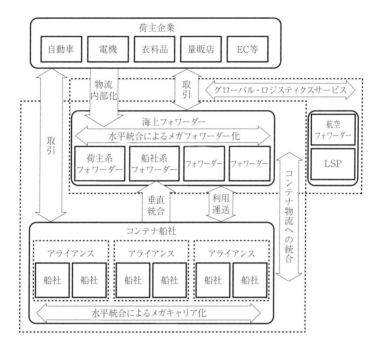

図8.3　メガキャリアとメガフォワーダーによる市場再編

よって、効率化や差異化を図ろうとする荷主企業もある。グローバル化が進む自動車・部品メーカーや電気機械メーカーの中には、社内の物流部門や物流子会社を通じて、国内外の倉庫業務や国際輸送、複合輸送等の手配を行う企業も多い。

　世界最大の小売業者であるウォルマートは、アジアに調達部門を設け、米国向けの混載、複合輸送、米国内輸送・保管等、サプライチェーンのすべてを自社で管理している[25]。アマゾンも自社 LPF

(25)　Holmes et. al.（2017）参照 。ウォルマートは年間90万 TEU のコンテナ
　　　を輸入する米国最大の輸入業者である。この輸入量は、世界のフォワー

を強化しており、その中国現地法人は、自社直販商品だけでなく、NVOCCとしてサードパーティセラー（出品者）の商品の米国輸出を取り扱っている。

　コロナ禍では、海上コンテナ輸送の混乱に対して、荷主自ら船舶をチャーターする動きが生じている[26]。ウォルマート、ホームデポ、イケア、アマゾン等の大手小売業者は、太平洋岸港湾の大混雑を避けメキシコ湾の港湾まで船舶をチャーターし、自社国内輸送ネットワークに接続させている。コンテナ不足に対しても、自社専用コンテナを調達し始めている。

　コンテナ物流は、コンテナ船社やフォワーダーが一般荷主にサービスとして提供することが常識であった。コロナ禍の混乱期とはいえ、荷主企業による自社専用船輸送への取り組みは、この常識を覆すものである。巨大荷主企業の物流内部化の動きは、コンテナ物流市場の再編にさらに大きな影響を及ぼす可能性がある。

参考文献
石原伸志・合田博之（2010）『コンテナ物流の理論と実際』成山堂
オーシャンコマース（2020）『国際輸送ハンドブック』
国際フレートフォワーダーズ協会（JIFFA）（2017）『第9版国際複合輸送業務の手引』
国土交通省海事局（2021）『数字で見る海事』
小林潔司・古市正彦（2017）『グローバルロジスティクスと貿易』ウェイツ

　ダーランキングで11位に相当する。Journal of Commerce、2021年5月25日、"Top 100 US importer and exporter rankings 2020"。日本の荷主企業では、ニトリグループが日本最大級の年間18万TEUを輸入しており、その物流子会社であるホームロジスティクスが中国とベトナムに設けた海外DCから国内700拠点への複合輸送を手掛けている。https://www.homelogi.co.jp/service/international。2022年2月閲覧。

（26）　CNBC、2021年8月21日、"Big retailers book pricey private cargo ships in holiday scramble"。

コンテナ不足問題に関する情報共有会合（2021）『新型コロナが国際物流に与えいた影響』

柴崎隆一（2019）『グローバル・ロジスティクス・ネットワーク』成山堂

JETRO ブリュッセルセンター（2006）『欧州における物流産業と主要企業の戦略』『ユーロトレンド』

鈴木暁（2017）『国際物流の理論と実務（6訂版）』成山堂

高橋祐樹・若菜高博（2016）『日系フォワーダーの抱える課題と改革方策』『MRI Public Management Review』Vol. 153

日本船主協会（2021）『日本の海運 Shipping Now』

林克彦（2021）「コンテナ物流事業の構造変化―メガキャリアとメガフォワーダーによる市場再編―」『物流問題研究』No.71

平田義章（2012）「欧米メガフォワーダーの実態」『ロジビズ』9 月

平田義章（2013）「わが国フォワーダーの展望」『ロジビズ』1 月

松田琢磨（2021）「最近の国際海上コンテナ輸送の状況」日本物流学会関東部会発表資料、3 月13日

みずほ銀行産業調査部（2015）「欧州グローバルトップ企業の競争戦略」『みずほ産業調査』No.2

レビンソン、マルク（2019）『コンテナ物語　世界を変えたのは「箱」の発明だった（増補改訂版）』（村井章子訳）、日経 BP

Holmes, Thomas J. and Singer Ethan（2017）, "Container Imports and the Advantage of Size" Federal Reserve Bank of Minneapolis

OECD（2015）, *The Impact of Mega-Ships*

Rodrigue Jean-Paul（2020）, *The Geography of Transport Systems*（*5th Edition*）, Routledge

UNCTAD（2020）, *Review of Maritime Transport*

第9章

航空貨物輸送事業の構造変化
――航空会社、フォワーダー、インテグレーターの競争・補完――

9.1 航空貨物輸送事業の特殊性

　新型コロナウイルス感染症（COVID-19）の拡大とともに、迅速な航空貨物輸送の重要性に対する認識が高まっている。感染拡大当初はマスクや個人防護具の緊急輸送で、現在はコロナワクチンのコールドチェーン輸送で、航空貨物輸送は極めて重要な役割を果たしている。一方、航空機の運航停止によって航空貨物輸送力が急減し運賃が急騰するなど、安定的な輸送体制の確保が必要になっている。

　航空貨物輸送事業は、他の物流事業と比べ特殊性が強い[1]。他の物流事業では、実運送事業者が主体となって物流サービスを提供しているが、航空貨物輸送サービスは伝統的に実運送事業者である航空会社と利用運送事業者（フォワーダー）との分業によって提供されてきた。

　航空貨物は、貨物専用機以外に旅客機の下部貨物室で輸送されており、輸送キャパシティは後者の方が大きい。貨物専門航空会社以外に旅客航空会社が旅客と貨物を同時に輸送することが多く、貨物輸送に対する取り組み姿勢も航空会社によって異なっている。

　フォワーダーは、航空会社を利用運送し集貨・配達や通関を行うことにより、ドアツードア輸送を提供している。フォワーダーは多数の航空会社の輸送ルートを使い分けることにより、荷主ニーズに合致した輸送サービスを提供している。

　このような伝統的な分業体制に対して、航空会社とフォワーダーの機能を統合したインテグレーターはイノベーター（革新者）として位置付けられる。インテグレーターは、急送市場を創造しただけ

（1）　Merkert, et al.（2017）は、航空貨物輸送事業の複雑性や異質性を指摘している。

でなく、航空ネットワークを拡大し続け航空会社としてもトップクラスに成長した。フォワーダーとしても、大型航空貨物や海上貨物の取扱いを拡大し、巨大なロジスティクスサービスプロバイダー（LSP）に成長している。

　以下では、コロナ禍が航空貨物輸送市場に及ぼした大きな影響と急激な事業環境の変化について明らかにする。次いで、航空会社、フォワーダー、インテグレーターそれぞれの事業構造の変化を分析し、各事業の競争や補完によって航空貨物輸送市場や物流市場における位置付けが変化していることを論じる。

9.2　コロナ下の航空貨物輸送市場の変貌

9.2.1　航空貨物輸送量の推移

　貿易のなかでも高付加価値品の輸送を分担する航空貨物輸送は、景気動向に大きく左右される。世界（国内線含む）の航空貨物輸送量（トンベース）は、リーマンショック後、従来と比べて成長率は低下したものの増加傾向が続いていた。しかし2019年、米中貿易摩擦によって、世界最大の航空市場である中国路線が影響を受け、世界全体の輸送量も減少に転じた。

　2020年には、米中摩擦の激化に加え、コロナショックが襲った。2020年における世界の航空貨物輸送量（郵便を含む、トンキロベース）は、対前年比 -9.1％に陥った。リーマンショック時2008年の -8.8％を超える減少幅となった（図9.1）。

　コロナ禍で、厳しい外出規制や移動制限が課され、旅客機の運航が停止した。2020年、世界の航空旅客輸送量（有償旅客人キロ）は対前年比 -65.9％となり、未曾有の落ち込みを記録した。旅客便の運

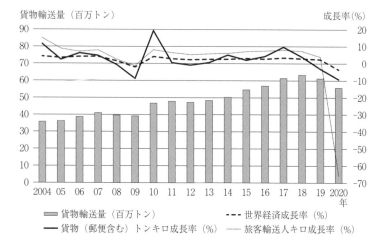

貨物輸送量（百万トン）　　　　　　　　　　　　　　　　成長率(%)

凡例:
貨物輸送量（百万トン）
世界経済成長率（%）
貨物（郵便含む）トンキロ成長率（%）
旅客輸送人キロ成長率（%）

資料：IATA『Industry Statistics Fact Sheet』より作成

図9.1　世界の航空貨物輸送量と成長率の推移

航停止は、下部貨物室の輸送力激減を通じて貨物輸送に大きな影響を及ぼしている。

9.2.2　貨物専用機と旅客機下部貨物室

　航空貨物は、貨物専用機だけでなく、旅客機の下部貨物室（ベリー、ロワーデッキ）等の貨物スペースを利用して輸送されている[2]。貨物専用機の運航スケジュールは、荷主企業やフォワーダーのニーズに合わせて深夜を中心に設定されている。一方、旅客収入を主眼とする旅客機は、旅客の活動時間に合わせて運航されている。

（2）　この他に、B747等の大型機のアッパーデッキを区切って一部を貨物室とするコンビ機や、需要に応じ座席を取り外して貨物を積載できるクイックチェンジ機もあるが、全輸送力に占める割合は小さい。

表9.1　貨物専用機と旅客機貨物室による世界の定期貨物航空輸送量の推移

	航空機	1999年		2009年		2019年	
		実数	シェア	実数	シェア	実数	シェア
輸送トンキロ （百万トンキロ）	貨物専用機	39,010	42.9%	62,516	48.6%	134,192	52.8%
	旅客機貨物室	51,872	57.1%	66,247	51.4%	119,789	47.2%
	合計	90,882	100.0%	128,763	100.0%	253,981	100.0%
輸送キャパシティ （百万トンキロ）	貨物専用機	55,177	32.6%	91,666	36.8%	210,237	38.7%
	旅客機貨物室	114,256	67.4%	157,731	63.2%	333,480	61.3%
	合計	169,432	100.0%	249,397	100.0%	543,717	100.0%
ロードファクター	貨物専用機	70.7%	−	68.2%	−	63.8%	−
	旅客機貨物室	45.4%	−	42.0%	−	35.9%	−
	合計	53.6%	−	51.6%	−	46.7%	−

　旅客輸送需要の増大に合わせて、旅客機の大型化や運航便数の増加が続いており、旅客機の下部貨物室の輸送キャパシティは増加している[3]。2019年の旅客機貨物室の輸送キャパシティは、1999年の3倍、2009年の2倍に拡大している（表9.1）。

　しかし、旅客機は貨物より旅客を優先して運航されているため、下部貨物室はあまり有効に活用されていなかった。なかでも LCC（Low Cost Carrier）は、運航機材が小型機で運航効率を重視しているため、ほとんど貨物輸送サービスを提供していない。そのため、旅客機貨物室のロードファクター（輸送量／輸送キャパシティ）は低下が続き、2019年には35.9％となった。

　貨物専用機は、膨大な旅客便の貨物輸送キャパシティとその低廉な運賃に対抗する必要がある。貨物輸送のみで採算を確保しなければならない貨物専用機は、深夜便や迅速な輸送で顧客を確保しながら、輸送キャパシティを増やしてきた。全輸送キャパシティに占め

（3）　旅客航空機の下部貨物室の積載量は、搭載する旅客や燃料によって変化するが、広胴機の B777で約30トン程度ある。一方、貨物専用機では B777-F で約100トン程度である。

るシェアは徐々に増大し、2019年には38.7％になった。貨物専用機
による輸送量の伸びは、旅客機貨物室による輸送量よりも高く、全
輸送量に占めるシェアは2019年には52.8％まで高まった。

9.2.3　旅客機の運航停止

2020年に入り、コロナ禍で旅客機の運航停止が相次いだ。世界
各地で入国制限や都市封鎖等の厳しい措置が導入された4月に
は、旅客便が激減し下部貨物室の輸送キャパシティは対前年同月比
-80％となった。以後緩やかに回復を続けているものの、2020年通
年では対前年比-53.1％となった。

一方、企業活動が停止しサプライチェーンが混乱するなか、航空
貨物輸送需要も急減した。しかし、コロナ感染対策のため、マスク
等の個人防護具（PPE）の緊急輸送が必要になるなど、輸送キャパ
シティほど急減しなかった。

5月以降、感染防止措置が一部緩和され経済活動が再開する
と、航空貨物輸送需要のV字回復が始まった。さらに、海上コン
テナ不足や港湾荷役・船舶運航の遅れによる海上コンテナ輸送の大
混乱が重なり、航空貨物輸送需要が増大した。

航空会社は、貨物専用機を大幅に増便した。フォワーダーは、荷
主企業の求めに応じて、チャーター便を増発した。貨物専用機だけ
では足りず、航空会社は旅客機の座席スペースとオーバーヘッドビ
ンを利用して貨物を輸送した。さらに、旅客機の座席を取り払い貨
物専用に転用したミニフレーターが増加した[4]。

国際線の貨物専用機の輸送キャパシティは、2020年通年で対前

（4）　2020年に150機以上がミニフレーターに改造された。IATA、*Air Cargo News* 2021年1月26日。

表9.2 コロナ禍の航空貨物輸送市場（2019年と2020年の比較）

	シェア （2020年）	輸送 トンキロ	輸送キャパシティ	ロードファクター （2020年）	ロードファクター 対前年比
世界	100.0%	-10.6%	-23.3%	54.5%	7.7% ポイント
国際線	86.8%	-11.8%	-24.1% （内貨物専用機 +20.6%） （内旅客機 -53.1%）	60.3%	8.4% ポイント

資料：IATA『Air cargo market analysis』2020年12月

年比 +20.6％となった。しかし、旅客便の貨物輸送キャパシティ減少を補うほどではなく、全貨物輸送キャパシティは対前年比 -24.1％と急減した。その一方で、輸送需要は -11.8％に留まったため、ロードファクターは8.4％ポイント上昇し、60.3％と過去最高を記録した（表10.2）。

9.2.4 旅客収入の激減と貨物収入の増加

コロナ禍で需給バランスが崩れ、航空貨物運賃は大幅に上昇した[5]。ロックダウンで航空便が激減した春先と、V字回復が進んだ年末にかけては、運賃が高騰し、輸送スペースの確保すら困難になった[6]。

輸送量減少にもかかわらず、運賃高騰により世界の航空会社の貨物収入は増大した。2020年の貨物収入は対前年比 +27.1％となり、過去最高の1,282億ドルを記録した（図9.2）。

一方、旅客輸送では、運賃は上昇したものの輸送需要が劇的に落

（5） 2020年1月〜9月についてみると、輸送キャパシティは対前年同期で -25％、輸送需要は -12％となり、イールドが +42％、営業収入が +16％となった。Boeing, *World Air Cargo Forecast 2020-2039*。

（6） 2020年12月における Baltic Exchange Air Freight Index（BAI）は、香港／欧州で +107.2％、香港／米国で +184.1％となった。https://www.aircargonews.net/business/airfreight-rates-expected-to-remain-elevated-in-2021/。

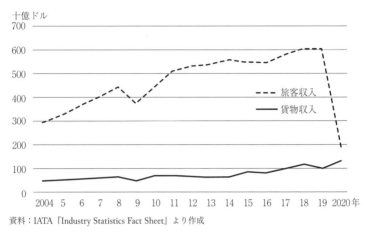

十億ドル

資料：IATA『Industry Statistics Fact Sheet』より作成

図9.2　世界の航空会社の旅客・貨物収入の推移（十億ドル）

ち込んだ。2020年の世界の航空会社の旅客収入は、対前年比 -68.9%
に激減し、1,890億ドルとなった。航空会社は、旅客機を貨物輸送に
転用するなど、貨物分野への取込みを強化せざるをえなくなった。

　このような旅客と貨物との対照的な動きは、かつてないことであ
る。これまで旅客、貨物ともに景気動向と正の関係があり、2009
年のリーマンショック時でも、旅客、貨物同時に収入が落ち込ん
だ。しかしコロナ禍では、旅客便の運航停止による貨物スペースの
激減を通じて旅客と貨物に正反対の影響を及ぼすことになった。

9.2.5　旅客便急減が航空貨物輸送に及ぼした影響

　コロナ下における旅客便の運航停止が航空貨物輸送市場に及ぼす
影響を図示すると、図9.3のようになる。

　航空貨物市場における供給側は、貨物専用便と旅客便貨物室に二
分される。旅客便貨物室の輸送費用は、固定費、変動費ともに旅客

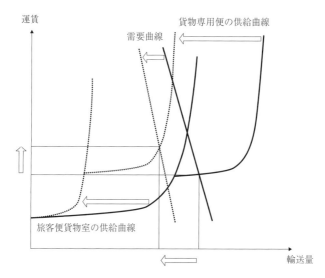

図9.3　コロナ禍における航空貨物輸送市場の変化

輸送にも案分され、貨物専用便と比べ低い。平均費用の低い順に並べて供給曲線を描けば、旅客便貨物室から貨物専用便の順に繋がる。

　コロナ下で旅客便の運航停止が続き、急速に旅客便貨物室の供給曲線は左にシフトした。貨物専用便の増便によっても、従前の輸送力をカバーすることができず、供給曲線全体が左にシフトした。一方、航空貨物輸送サービスに対する需要量は減少したが、供給量ほど減少しなかった。さらに緊急性が強く価格弾力性が低い需要が加わり、需要曲線の傾きが強まった。その結果、需要と供給の均衡する輸送量は減少し、運賃は急上昇した。

　経済活動の回復とともに、航空輸送需要は増加し始めた。さらに海上コンテナ輸送の大混乱が続き、従来海上コンテナで輸送されていた品目まで航空貨物輸送を利用するようになった。一方、コロナ

禍で入国制限が続き、旅客便の回復は遅れており、貨物室の輸送力は戻っていない。このため、航空運賃はかつてない水準で高騰している。

　旅客機を使用した貨物便や貨物専用機のチャーター便等は増大し、旅客機の貨物専用機への改造も行われている。しかし、コロナ禍が終われば、旅行需要急増とともに旅客便の回復が予想され、海上コンテナの混乱も終息するとみられている。巨額投資が必要な貨物専用機を投入する航空会社は、それほど増えていないようである[7]。

9.3　航空貨物輸送事業の構造変化

9.3.1　貨物航空会社の種類別輸送量

　前節では、航空貨物輸送市場の動向について、IATA 統計により貨物専用機と旅客機貨物室を区分して概観した。航空会社に視点を移すと、貨物専用機を専門的に運航する航空会社や、貨物専用機と旅客機両方を運航する航空会社などさまざまであり、その動向は複雑である。ここでは、貨物航空会社の種類別に輸送量や営業収入の動向を把握する[8]。

　貨物を輸送する貨物航空会社は、①エクスプレス（Express）、②貨物専用機のみを運航する貨物専門航空会社（All Cargo）、③旅客機のみを運航しその下部貨物室で輸送するベリーオンリー（Belly Only）、④貨物専用機と旅客機両方を運航するコンビネーション

（7）　日本航空は、貨物専用機導入や旅客機の貨物機改修について、貨物事業のボラティリティが高いことを理由に否定的であった。Aviation Wire、2021年8月3日。

（8）　Boeing『World Air Cargo Forecast 2020-2039』による。

キャリア（Combination Carrier）に分類される。

　①エクスプレスは、航空輸送だけでなく集荷・配達、通関等を自社で行い、ドアツードア輸送サービスを提供しており、インテグレーターを指している。ハブアンドスポーク体制を導入しており、長距離輸送で大型機、スポーク路線で小型機を運航するなど、大小様々な貨物専用機を運航している。フェデックス、UPS、DPDHLが代表的企業である。

　②③④は航空輸送のみを分担し、他の貨物に関する機能についてはフォワーダーに依存している。②オールカーゴは、大型機械、重量物等を輸送できる大型機を定期路線やチャーターで運航している。カーゴルックス、アトラスエアー、日本貨物航空（NCA）等が代表例である。

　③ベリーオンリーは、旅客機の下部貨物室を有効活用して、貨物輸送を付随的に行っている。インテグレーターやオールカーゴの競争力が強い北米を拠点とする航空会社には、貨物専用機を運航しないベリーオンリーが多い。ベリーオンリーであっても運航する航空機の数が多いため、トータルでは大きな輸送力となる。

　各国を代表する大手航空会社は、④コンビネーションキャリアが多く、カタール航空、エミレーツ航空、キャセイパシフィック航空、ルフトハンザ、全日空等が該当する。とくに国際線では、大型航空機を多数運航しており、大量の貨物を輸送している。

　これらの航空会社の貨物収入の推移をみると、運賃単価の高さや巨大な国内航空貨物市場での寡占化が影響しており、①エクスプレスの存在感が際立っている。ここ10年間でみても①エクスプレスの収入急拡大に対し、他は微増程度に留まっている。2019年の①エクスプレスの貨物収入は454億ドルとなり、世界の貨物収入合計に占めるシェアは42％となった。これに次いで④が36％、③が11％、②が11％となっている。

コロナ禍の2020年には、旅客便を運航する③④の貨物スペースが急減する一方、①エクスプレスと②オールカーゴは増便を続けている。2020年1月～9月までの輸送量（トンキロ）は、対前年同期比①+14％、②+6％に対し、③-48％、④-18％となった。エクスプレスを中心とする貨物専用機の重要性は、コロナ禍で一段と高まっている。

9.3.2　航空会社別貨物輸送量（2020年）

次いで貨物航空会社別の動向を、IATAが公表する航空会社ランキング（定期貨物輸送量（トンキロ））より把握する[9]。

エクスプレスの輸送量増加は著しく、フェデックスとUPSが合計輸送量で1位、2位を占めている。両者ともに広大な米国内航空市場で寡占的な地位を占め、国際線でもそれぞれ2位、7位を占めている。なおDPDHLは国籍の異なる多数の航空会社を利用しているため、上位にはランクインしていない。

コンビネーションキャリアは、旅客機の運航が激減する一方、貨物専用機の運航を増やしている。しかし、カタール航空を除き貨物輸送量は減少している。カタール航空、エミレーツは国際線輸送量で1位、3位を占め、合計でもそれぞれ3位、4位を占めている。両者は、石油依存脱却のため航空産業を育成する政府の支援策を背景に、急拡大を続けている。

アジア系航空会社は、キャセイパシフィック、大韓航空、中国南方航空、中華航空がそれぞれ5位、6位、9位、10位を占めている。

貨物専門航空会社では、カーゴルックスが輸送量を増やし、国際

（9）　IATA『World Air Transport Statistics』各年版。

表9.3　航空会社ランキング（定期貨物輸送量、2020年、百万トンキロ）

	国際			国内			合計	
1	カタール航空	13,740	1	フェデックス	9,390	1	フェデックス	19,656
2	フェデックス	10,266	2	UPS	7,357	2	UPS	14,371
3	エミレーツ	9,569	3	ATI	1,374	3	カタール航空	13,740
4	キャセイパシフィック	8,137	4	アトラス航空	1,084	4	エミレーツ	9,569
5	大韓航空	8,091	5	中国南方航空	996	5	キャセイパシフィック	8,137
6	カーゴルックス	7,345	6	カリッタ航空	990	6	大韓航空	8,104
7	UPS	7,017	7	順豊航空	934	7	カーゴルックス	7,345
8	トルコ航空	6,958	8	中国国際航空	838	8	トルコ航空	6,977
9	中華航空	6,317	9	ユナイテッド航空	687	9	中国南方航空	6,591
10	中国南方航空	5,595	10	中国東方航空	679	10	中華航空	6,317
24	全日空	2,890	20	全日空	283	23	全日空	3,172
上位10社計（全輸送量に占める比率）		85,925 (43.5%)	上位10社計（全輸送量に占める比率）		24,612 (72.5%)	上位10社計（全輸送量に占める比率）		130,979 (45.0%)

資料：IATA『World Air Transport Statistics 2020』

線で 6 位、合計で 7 位に入っている[10]。

　国内線についてみると、米国と中国の市場が突出して大きい。米国では、インテグレーター以外に、貨物専門航空会社である ATI（Air Transport International）、アトラス航空、カリッタ航空が、それぞれ 3 位、4 位、6 位を占めている。アマゾンは ATI 保有機の大部分を Amazon Air として専用利用しており、実際上米国第 3 位の貨物航空会社になっている。

　中国では、中国南方航空、中国国際航空、中国東方航空がそれぞれ 5 位、8 位、10位に入っている。新興インテグレーターとして注目される順豊航空も急成長を遂げ 7 位を占めている。順豊航空は、中国中心地に近い湖北省鄂州に貨物専用空港を建設中であり、

(10)　https://www.airtransport.cc/。2022年 1 月閲覧。

建設後はハブ空港として使用する計画である。

　なお日本の航空会社では、全日空が国際線で24位、国内線で20位、合計で23位となっている。

9.3.3　航空会社別貨物輸送量（2009年との比較）

　2009年のランキングを参照すると、当時からインテグレーターの輸送量が多く、フェデックスが国内、合計で1位を占め、UPSが国内で2位、合計で3位を占めていた。

　当時国際線では、アジア（大韓航空1位、キャセイパシフィック2位、シンガポール航空3位、中華航空7位）や欧州（ルフトハンザ3位、エールフランス8位）のコンビネーションキャリアが上位を占めていたが、現在は中東系航空会社の台頭により順位を落としている。

　なお当時国内線では、全日空と日本航空がそれぞれ6位、7位を占めていたが、米国や中国の国内航空貨物市場拡大とともに順位を落とし、現在はトップ10から脱落した。

　上位10社の市場シェアをみると、低下傾向にある。国際市場では2009年の56.2％から2019年の43.5％へ、国内市場では同期間に75.9％から72.5％へ減少している。海上コンテナ輸送での顕著な上位集中に対し、航空貨物輸送では緩やかな分散化を示している。この要因としては、自由化政策が広まっているとはいえ、なおも各国政府は自国の航空会社を保護する姿勢が強いことが影響していると考えられる。

　さらに、航空産業では国際的な買収・合併が限定的であることも関係している。EUでは域内航空市場統合により、エールフランスによるKLM買収、ルフトハンザによるスイス航空買収、英国航空とイベリア航空の合併があった。また貨物専門航空会社では、フェデックスによるTNT Expressの買収、ドイツポストによるDHL

表9.4　航空会社ランキング（定期貨物輸送量、2009年、百万トンキロ）

国際			国内			合計		
1	大韓航空	8,225	1	フェデックス	7,497	1	フェデックス	13,756
2	キャセイパシフィック	7,722	2	UPS	4,694	2	UPS	9,189
3	ルフトハンザ	6,660	3	中国南方航空	1,103	3	大韓航空	8,284
4	シンガポール航空	6,455	4	中国国際航空	841	4	キャセイパシフィック	7,722
5	エミレーツ	6,369	5	中国東方航空	698	5	ルフトハンザ	6,668
6	フェデックス	5,808	6	全日空	423	6	シンガポール航空	6,455
7	中華航空	4,903	7	日本航空	412	7	エミレーツ	6,369
8	エールフランス	4,672	8	ノースウェスト航空	404	8	中華航空	4,903
9	カーゴルックス	4,652	9	韓進航空	373	9	エールフランス	4,675
10	UPS	4,495	10	ユナイテッド航空	370	10	カーゴルックス	4,652
14	日本航空	2,834		―		15	日本航空	3,245
上位10社計 （全輸送量に 占める比率）		59,961 （56.2%）	上位10社計 （全輸送量に 占める比率）		16,815 （75.9%）	上位10社計 （全輸送量に 占める比率）		72,673 （56.4%）

資料：IATA『World Air Transport Statistics 2010』

買収などの事例があるが、旅客航空会社の国境を越えた買収・合併
は稀である。

9.3.4　航空会社のアライアンス

　世界の航空会社は、旅客分野を中心にネットワークの相互補完、
サービスの拡充等を目的に戦略的な提携を行っている。世界規模の
グローバルアライアンスとして、スターアライアンス、スカイチー
ム、ワンワールドが結成されている。

　貨物分野では、2000年にスターアライアンス加盟航空会社の一部が
WOW を結成したが、脱退が相次ぎ現在は活動を停止している[11]。

---

(11)　SAS、ルフトハンザ、シンガポール航空により結成。その後スターア
　　ライアンスに加盟していない日本航空も加盟した。しかし、2009年にルフト

スカイチームでは、加盟航空会社のうち11社がスカイチーム・カーゴを結成している[12]。空港ターミナルや倉庫の共同利用、共通サービスの提供を行っており、最近ではコロナワクチンの共同輸送プロジェクトを実施している。ワンワールドはもともと貨物分野で提携はしておらず、スカイチーム・カーゴが唯一の貨物分野のグローバルアライアンスとなった。

貨物分野でグローバルアライアンスがあまり普及していないのは、コンビネーションキャリアが旅客分野の提携を主な目的に結成し、貨物分野での協力を重視してこなかったためである。また航空分野では、インテグレーターの競争力が強く、最近では中東系航空会社が輸送力を増強させていることも、アライアンスの足並みが揃わない原因になっている。

貨物分野のアライアンスは、グローバル規模には拡大しておらず、特定路線での共同運航やコードシェアリング、貨物共同販売が中心となっている。

9.3.5 航空政策の影響

航空貨物運送事業に対する規制は、主要国政府がオープンスカイ政策に転換するなか、急激に緩和されている。とはいえ、なおも他の運輸事業と比べ厳しい規制が残り、その影響が航空市場にも色濃く反映されていることに注意する必要がある。

主要国政府は、かつては航空産業を重要産業として保護育成する政策をとってきたが、航空産業の成熟化により自由化政策に転換し

ハンザ、翌年に日本航空が脱退した。
(12)　アエロフロート、アルゼンチン航空、アエロメヒコ、エールフランス、アリタリア、中華航空、中国貨運航空、中国南方航空、チェコ航空、デルタ、大韓航空が加盟。

ている。米国は1977年に貨物分野から規制を緩和し始め、インテグレーターの急成長に繋がった。日本でも、参入規制が緩和され、日本貨物航空が誕生した。

しかし、なおも安全性の確保や安定的な輸送サービスの維持のため、他の輸送産業と比べ参入の壁は高い。なかでも国内航空輸送を国内事業者に限定するカボタージュ規制は、EU域内を除けばほとんどの国が維持している。このため、米国や中国のように広大な国土を持つ国を拠点とする航空事業者が有利になっている。

国際航空輸送は、国際民間航空条約（シカゴ条約）とそれに基づく二国間協定によって厳しく規制されてきた。二国間協定では、当事国間で国際線に就航できる航空会社を指定し、国際航空運送協会（IATA）が決定する運賃を当事国が認可するなど、二国間の権益を平等に交換するという厳しい枠組みが基本となっていた。

1992年に米国政府は、より自由化した二国間協定を締結することにより規制緩和を輸出するオープンスカイ政策を発表した。2007年にEUとオープンスカイ協定を締結し大西洋路線を自由化するなど、2018年末には125か国とオープンスカイ協定を締結している[13]。

オープンスカイ協定のなかには、以遠権（第5の自由）や自国を経由せずに第三国である二国間の貨物を航空会社が輸送する自由（第7の自由）を認める協定も締結されている。第5、第7の自由は、海外ハブを利用したハブアンドスポーク体制の前提条件となり、インテグレーターのグローバルネットワーク構築に不可欠であった[14]。

なお日本と米国との二国間協定では、空港整備の遅れを理由にオープンスカイ政策の導入が進まなかった。2010年に発効した協定では、成田空港の以遠権除外や羽田空港の除外を前提に他の空港

(13) Rodrigue（2020）による。
(14) モレル（2015）による。

でのオープンスカイが実現した。これを受けて、フェデックスが関西空港に北東アジアハブを設置している。

9.4 航空フォワーダー事業の構造変化

9.4.1 フォワーダーの役割

航空貨物輸送サービスでは、航空会社による空港間の航空輸送に留まらず、航空貨物代理店や利用運送事業者、通関事業者等による集貨・配達や通関等の様々な業務が必要になる。利用運送事業者は、航空貨物代理店や通関事業を兼業することが多く、ドアツードア航空輸送サービスで重要な役割を果たしている。

日本では、利用運送事業者は貨物利用運送事業法（2003年改正）で規定されている。英語圏では、フレイト・フォワーダー（Freight Forwarder）、フォワーダーと呼ばれており、日本でもそう呼ばれることが多い。

利用運送事業者は、自らは航空機を運航せず、航空会社の航空機を利用して運送事業を行う。空港間のみの航空利用の場合には第1種利用運送事業、集荷・配達を含めて一貫輸送を行う場合には第2種利用運送事業と規定されている。

第2種利用運送事業の場合、利用運送事業者は、荷主から小口貨物を集荷して大口貨物に仕立てる。航空会社の運賃率は、貨物が重いほど単位当たりの運賃が安くなる重量逓減制となっており、利用運送事業者が大口貨物にまとめるほど低廉な航空運賃が適用される。荷主から収受する運賃と航空会社に支払う運賃の差額が混載差益と呼ばれ、これが利用運送事業者の大きな収益源となっている。

利用運送事業は、集荷・配達や空港施設での混載作業等、労働集

約的な特性が強い。一方、航空運送事業は、高額な航空機への投資が必要で資本集約的な特性が強く、旅客輸送と貨物輸送を兼業することが多い。特性がまったく異なる航空運送事業と利用運送事業は、兼業するよりもそれぞれに集中するメリットが大きい。このため、世界の航空貨物市場では、大型混載貨物を中心に、航空会社と利用運送事業者との分業体制が一般的である。

　規制緩和や荷主ニーズの多様化に対応して、利用運送事業者は様々な物流サービスを提供するようになった。航空だけではなくあらゆる輸送機関の利用運送や、保管・流通加工等を含めた物流サービスを手掛け、荷主の海外進出に合わせて自らも海外展開を進めている。

　日本では、利用運送事業の規制が緩和されてから、参入が続き136社（2019年度末）が競争を繰り広げている。諸外国でもフォワーダー事業に対する規制は緩和されており、航空運送事業のように厳しい規制が海外展開の障壁となることは少ない。

9.4.2　航空貨物の輸送方式

　航空貨物の輸送方式は、①直送貨物、②混載貨物、③チャーター貨物に分類される。

　直送貨物は、荷主企業が直接航空会社に、あるいは航空貨物代理店に運送を委託する方法である。前者はまれであり、多くの場合は航空貨物代理店が航空貨物運送サービスの販売と付随業務を行っている。主要定期国際航空会社が加盟する IATA（国際航空運送協会）が指定する IATA 貨物代理店になれば、IATA 加盟航空会社すべての代理店になることができる。

　混載貨物は、荷主企業が利用運送事業者に運送を委託する方式である。利用運送事業者は、複数の荷主から集荷した貨物を混載貨物

として仕立てて、航空会社に空港間の輸送を委託する。

　チャーター貨物は、荷主企業が航空会社の航空機をチャーターする方式である。荷主企業が直接航空会社に委託するより、諸手続きや実務に通じたフォワーダーを通じて委託する場合が一般的である。フォワーダーが複数荷主の貨物をまとめてチャーターするスプリットチャーターや、フォワーダーが自らの需要予測に基づいてチャーターするフォワーダーチャーターもある。

　2020年における日本の輸出航空貨物の内訳をみると、混載貨物785,000トンに対し、直送貨物67,000トン、チャーター貨物6,000トンである（表9.5）。コロナ禍で定期航空路線の貨物スペースが逼迫しているため、チャーター便が急増している。

表9.5　日本における輸送方式別輸出航空貨物量（2020年）

輸送方式	取扱量（トン）	対前年比（％）
混載貨物	784,538	81.2
直送貨物	66,545	75.2
チャーター貨物	5,945	2,484.1

資料：航空貨物運送協会『航空貨物取扱実績』

9.4.3　航空フォワーダーの貨物取扱量

　グローバル化や規制緩和が続き、フォワーダー事業が成長している。最近では国境を越えたM&A（買収・合併）によって、グローバル規模のメガフォワーダーが多数登場している[15]。提供するサービスも、荷主企業のロジスティクスを受託する3PL（Third Party Logistics）へと拡大している。

（15）　参入が容易で膨大な事業者が参入しているため、市場集中度は低い。2020年の上位10社の貨物取扱量（トンベース）が占める比率は18％、上位50社でも32％程度である。

　航空貨物取扱量がトップクラスのフォワーダーは、いずれもグローバル3PL事業者である。近年の航空フォワーダーランキングをみると、DHL Supply Chain & Global Forwarding（ドイツ）、Kuehne+Nagel（スイス）、DSV Panalpina（デンマーク）、DB Schenker（ドイツ）の4社が常に上位を占めている（表9.6）。

　DHL Supply Chain & Global Forwarding は、ドイツ郵便が民営化の過程で物流事業に進出し、数多くの民間物流事業者を買収して再編したフォワーディング部門である。ドイツ郵便は、現在 Deutsche Post DHL Group（DPDHL）として郵便と物流事業を世界中で展開する世界最大規模の物流事業者である。

　Kuehne+Nagel、DSV Panalpina、DB Schenker はいずれも、長い歴史を有する伝統的なフォワーダーであるが、欧州市場統合前後から、域内外でM&Aを重ねてグローバル規模に拡大している。Kuehne+Nagel は、業界第7位の Apex Logistics（香港）を買収する予定であり、統合後は航空貨物取扱量がトップになる見込みである。

　インテグレーターによるフォワーダー事業への取り組みも注目される。UPS Supply Chain Solutions は989,000トンを取り扱い、航空フォワーダーランキングで5位を占めている。FedEx Logistics も、航空貨物266,000トンを取り扱っている。

　日系フォワーダーについてみると、日本通運が720,000トンを扱い8位、近鉄エクスプレスが557,000トンを扱い11位を占めている。

　なお、2020年は新型コロナの影響で、航空フォワーダーの取扱量は落ち込んだ。しかし、運賃の高騰により、ほとんどのフォワーダーの売上高は増加した[16]。

---

(16)　トップの DHL Supply Chain & Global Forwarding についてみると、航空貨物取扱量は対前年比 -18.7％となったが、その売上高は +28.6％となった。同社2020年報告書による。

表9.6　航空貨物フォワーダー取扱量ランキング（2020年）

順位	会社名	国	航空貨物取扱量（トン）
1	DHL Supply Chain & Global Forwarding	ドイツ	1,667,000
2	Kuehne+Nagel	スイス	1,433,000
3	DSV Panalpina	デンマーク	1,272,405
4	DB Schenker	ドイツ	1,094,000
5	UPS Supply Chain Solutions	アメリカ	988,880
6	Expeditors International of Washington	アメリカ	926,730
7	Apex Logistics International	香港	750,000
8	日本通運	日本	720,115
9	Hellmann Worldwide Logistics	ドイツ	552,640
10	Bollore Logistics	フランス	574,000

出所：A&A's Top 25 Global Freight Forwarders List　https://www.3plogistics.com/3pl-market-info-resources/

9.4.4　航空会社との連携

インテグレーターの台頭に対し、航空フォワーダーと航空会社は連携を強化してサービス水準の向上と低コスト化を図ることが求められた。1997年、主要36社がIATA関連団体としてCargo2000を設置し、ドアツードア輸送のプロセスの標準化、電子データ交換（EDI: Electronic Data Interchange）、輸送サービス水準の向上に取り組み始めた。

Cargo2000は、3段階で輸送計画、貨物追跡、EDI化等に取り組んできた。第1段階は航空会社による空港間のMAWB（Master Airway Bill）単位、第2段階はフォワーダーを中心とするHAWB（House Airway Bill）単位、第3段階は貨物（ピース）単位での取り組みである。

2016年、Cargo2000はCargo iQに名称が変更された。2020年現在、航空会社34社、フォワーダー13社、グランドハンドリング会

社11社、情報システム会社12社等が参加している[17]。

　参加者は、Cargo iQ が定義する標準プロセスに基づいたマスターオペレーティングプラン（MOP）を導入し、情報システムにより関係者間の情報交換と貨物のモニタリングを行っている。参加者間で年間に、空港間貨物1,000万個、ドアツードア貨物で600万個をモニタリングし、データ1.1億件を交換している。

　Cargo iQ は、業務プロセスと管理水準の定義とモニタリングにより、処理量やサービス水準の KPI（重要管理指標）を発表している。時間指定遵守率のように、重要でありながら定義があいまいだったサービス指標について、Cargo iQ が定義し KPI として発表することにより、相互理解が深まりサービス水準や管理度が高まるとしている[18]。

9.5　インテグレーターの巨大化

9.5.1　事業領域の拡大

　前述のとおり、航空貨物輸送は、航空会社とフォワーダーとの分業で成り立っていた。分業体制には特性の異なる事業に専門特化できるメリットがある。その反面、事業者間で貨物や情報の受渡に時間と費用を要するというデメリットがある。フォワーダーは、多種類の書類を作成し貨物を混載化したうえで、航空会社に書類と貨物を引き渡す必要がある。到着空港でも同様な手続きが必要になり、

---

(17)　航空会社では、インテグレーターを除き、貨物取扱量上位クラスのほとんどが参加している。一方、フォワーダーをみると、参加者数も少なく大手でも参加していないものがある。https://www.cargoiq.org/members。

(18)　『Cargo iQ Monthly Reports』等により、公表もされている。https://www.cargoiq.org/news。

貨物や情報の受渡に係る時間や取引費用の削減が大きな課題となっていた。Cargo iQ の目的の一つはこのような手続きの効率化であるが、多数の参加者の合意を取りながら進める必要があるため、進捗は捗々しくない。

インテグレーターは、航空会社とフォワーダーの機能を統合することにより、この課題を解決した。分かりやすいドアツードアの一貫運賃で、電話をすれば集荷してくれ、受付窓口や集荷ポストも多数設置された。情報システム化でも先進的な取り組みを進め、社内情報システムの導入により効率化を進め、貨物追跡システムも先駆けて導入した。

当初、インテグレーターは、とくに迅速性が求められるクーリエ（書類）や小包（SP、Small Package）を対象に急送サービスを開始した。その後開拓した急送市場の成長が鈍化してくると、より大型の一般貨物市場の取込みを急ぎ、大型航空機の導入やトラック運送事業者、フォワーダーの買収を続けた（図9.4）。

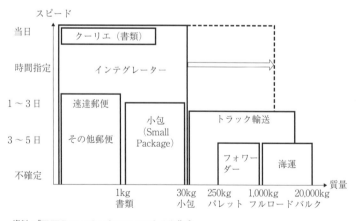

資料：『TNT Express Supplement 2010』より作成

図9.4　インテグレーターの事業領域の拡大

9.5.2　グローバルネットワーク

　もともとインテグレーターは、1970年代末に航空運送事業への参入規制が緩和された米国内市場で、国内翌日配達サービスを開拓することにより急成長を遂げた。航空規制が厳しい国際輸送への進出では、航空権益を保有する貨物専門航空会社を買収したり、フォワーダーとして利用運送することにより輸送ネットワークを拡大した。さらにオープンスカイの拡大とともに、海外にハブを設けて世界中に急送ネットワークを拡大している[19]。

　フェデックスは、米国中西部のメンフィスをハブとして国内にスポーク路線を張り巡らせた。現在ではインディアナポリスとマイアミに地域ハブを設置し、多段階型のハブアンドスポーク体制としている。海外では、長距離の太平洋、大西洋路線を接続する国際ハブをアンカレッジに設置することにより、効率的に大量輸送を行っている[20]。さらに欧州ハブをパリとケルンに、アジアハブを広州と大阪（関西空港）に設け、域内急送サービスを提供している。

　欧州市場を取り込むため、フェデックスはオランダを拠点とするTNT Express の買収を計画した。TNT は当時 4 大インテグレーターの一角を占めており、競争当局が買収計画を承認するまで時間がかかったが、2016年に承認された。統合後の航空ネットワークの規模は、世界最大となった（表9.7）。

　世界最大の小型貨物輸送事業者である UPS は、フェデックスが台頭するまで、ほとんどの荷物をトラックで輸送し、一部の急送荷物をフォワーダーとして航空を利用運送していた。急送市場の急成

---

(19)　米国政府のオープンスカイ政策には、インテグレーターのロビイングが影響していると指摘されている。みずほ銀行産業調査部（2014）

(20)　航空機の最大離陸質量は積載貨物と燃料の質量で決まるため、アンカレッジで燃料補給することにより、より多くの貨物を搭載できる。

表9.7　インテグレーターの概要（2020年度）

	フェデックス	UPS	Deutsche Post DHL Group（DPDHL）
売上高	840億ドル	846億ドル	668億€
営業利益	58.57億ドル	76.84億ドル	48.47億€
従業員数	570,000人	543,000人	571,974人
航空機	679機 ハブ：メンフィス、インディアナポリス、マイアミ、アンカレッジ、パリ、ケルン、広州、大阪	311機（自社）、290機（リース、チャーター） ハブ：ルイビル、マイアミ、ケルン、深圳、香港、上海	189機（傘下航空会社） バーチャル航空（柔軟に航空会社を利用） ハブ：ライプチヒ、ミラノ、香港、上海、シンガポール、シンシナティ
トラック	Express：79,000台 Ground：77,000台 Freight：30,000台	127,000台	105,955台
郵便	－	－	Deutsche Post: 156億€
小型貨物	421億ドル 650万個/日	694億ドル 2,468万個/日	Express: 191億€ 1,712万個/日
ロジスティクス（一般貨物、フォワーディング等含む）	FedEx Logistics FedEx Supply Chain ともに売上高不明	Supply Chain and Freight: 152億ドル	Global Forwarding: 159億€ Supply Chain: 125億€ eCommerce Solutions: 48億€

注：各社2020年度実績。フェデックス会計年度 は2021年5月末、他社は2020年12月末。
資料：各社ホームページ、年次報告書等より作成

長を目の当たりにし、UPS は自ら航空機の運航を開始した。フェデックスと競い合いながら規模を拡大し、現在は米国内ハブをルイビル、マイアミ等に設置し、海外ではケルン、深圳、香港、上海にハブを設置している。UPS の規模は、売上高、従業員数等ではフェデックスとほぼ同じであるが、米国内市場のトラック輸送による小型貨物輸送の占める比率が高くなっている。

　Deutsche Post DHL Group（DPDHL）は、ドイツポストが買収した多数の物流事業者のなかから、ブランド力の高い DHL の名称を被せて物流部門に再編したものである。同グループは、傘下の DHL エア、ヨーロピアンエアトランスポート、エア香港の保有す

る航空機をベースとし、バーチャル航空として柔軟にチャーターや利用運送を行う方針をとっている。なお、もともと米国のインテグレーターであった DHL Worldwide Express は、買収によって外国籍となり、米国内の航空輸送が不可能になった。このため、米国内航空事業は売却され、米国内市場から撤退した[21]。

9.5.3　ロジスティクスサービス

インテグレーターは、グローバル規模にネットワークを拡大し、航空輸送だけでなく、トラック輸送や海上輸送も手掛けるようになった。物流センターにおける保管、流通加工等を組み合わせ、ロジスティクスサービスプロバイダー（LSP）として、世界をリードしている。

その位置付けを世界の物流事業者（海運除く）のなかでみると、近年は UPS、フェデックス、DPDHL がトップ 3 を占めている[22]。しかも 3 位のフェデックスの売上高は、4 位以下の 3 倍以上の規模となっており、トップ 3 の規模は頭抜けて大きい（表9.8）。

中国のインテグレーターとして注目される順豊（SF）ホールディングスも急速に規模を拡大し、2020年に第 4 位を占めるようになった。さらに順豊は、2021年に香港のフォワーダー Kerry Logistics（2020年売上高69億ドル）買収を発表している。

過去10年間の成長率をみても、コロナ禍の2020年においても、

---

(21)　DHL World Express の米国内航空事業は Astar Air Cargo に引き継がれた。Astar は DHL との契約で運航を続けたが、2012年に契約打ち切りとなり Astar は運航を停止した。
(22)　第 8 章でみたように、船会社はフォワーダー事業を兼業しており同じ物流市場で競争している部分もあるが、その事業の中心は海上輸送である。なお、コンテナ船社トップの Maersk の売上高は292億ドルで、表9.8では第 4 位になる。

インテグレーターの成長率は他の物流事業者と比べて抜き出ている。ECの急成長によって小型貨物輸送量が急増していることが大きいが、各社ともにECのフルフィルメント事業を強化し、ロジスティクス部門の売り上げが増加したことが貢献している。

　売上高トップのUPSには、Supply Chain and Freight部門があり、世界120か国で1,000以上の物流拠点を運営している。そのうち250拠点は、マルチクライアントや専用の物流センターである。ECフルフィルメント、返品センター、コールドチェーン、パーツセンター、季節商品保管管理等が代表的サービスである。ルイビル・ハブには48万 m²の自動倉庫が整備され、150社以上の荷主のパーツ等在庫を保管し必要時に急送している[23]。

　DPDHLは、エクスプレス部門の規模は他のインテグレーターと比べて小さいが、フォワーダーやロジスティクス部門の売り上げが大きい。2020年度についてみると、エクスプレス191億ユーロ、フォワーディング159億ユーロ、ロジスティクス（Supply Chain、eCommerce Solutions）173億ユーロとバランスが取れている。縮小傾向にある郵便事業156億ユーロを補って、グループとして成長を続けている。

　フェデックスには、ロジスティクス部門としてFedEx Logistics、FedEx Supply Chainがある[24]。前者は、フォワーディングと通関、サプライチェーンサービスを提供しており、297拠点、20,000人弱が働いている。後者は、2015年に買収したリバースロジスティクス専門のGENCOを3PL部門として再編した組織であり、全米130以上の物流施設で11,000人の従業員を擁している[25]。

---

(23)　*UPS Company Facts* による。https://about.ups.com/us/en/our-company/global-presence/corporate-facts.html。

(24)　*FedEx Corporate overview*, 2021年4月による。

(25)　大量の返品が発生する米国流通業界では、返品商品の廃棄、再販売、修理、再梱包、再出荷等、複雑な物流業務を受託するリバースロジスティク

表9.8　主要上場物流企業の連結売上高ランキングと営業利益率（百万ドル）

順位	2009年			2019年			2020年		
	会社名	売上高	営業利益率(%)	会社名	売上高	営業利益率(%)	会社名	売上高	営業利益率(%)
1	DPDHL	64,413	0.9	UPS	74,094	10.5	UPS	84,628	9.1
2	UPS	45,297	8.4	DPDHL	70,922	5.2	フェデックス	83,959	7.1
3	フェデックス	34,734	5.8	フェデックス	69,217	4.1	DPDHL	76,273	6.8
4	日本通運	16,919	2.4	Kuehne+ Nagel	21,229	4.6	SF Holding	22,309	6
5	Kuehne+ Nagel	13,240	4	日本通運	19,142	2.8	Kuehne+ Nagel	21,731	5.1
6	ヤマト HD	12,944	5.1	XPO Logistics	16,648	4.9	日本通運	19,601	3.8
7	TNT Express	8,517	1	SF Holding	16,242	5.7	DSV Panalpina	17,659	8.3
8	C.H. Robinson	7,577	7.7	C.H. Robinson	15,310	5.2	XPO Logistics	16,252	2.4
9	Imperial Holdings	7,046	3.8	ヤマト HD	15,000	2.7	C.H. Robinson	16,207	4.2
10	DSV	6,757	4.7	DSV Panalpina	14,125	7.1	ヤマト HD	15,987	5.4

出所：みずほ銀行産業調査部『日本産業の中期見通し（物流）』

9.6　航空貨物輸送事業の展望

　航空貨物輸送は、景気動向に大きく左右されながらも成長を続けてきた。コロナ禍でもマスクやワクチン等の緊急物資輸送を担い、経済活動再開とともにV字回復を遂げている。しかし、旅客機下部貨物室の輸送キャパシティが急減したままで、海上コンテナの混乱により輸送需要が急増したため、航空運賃が急騰している。旅客と貨物の同時輸送という特殊性に起因しており、航空貨物輸送の正常化には今後の旅客便の運航再開を待たなければならない。

　近年の貨物航空事業では、コンビネーションキャリアやベリーオ

スが重要である。GENCO はこの分野の先駆者として知られ、買収前の年間売上高は16億ドルであった。*The Wall Street Journal* 2014年12月16日。

ンリーの航空会社の輸送力が増加傾向にあり、とくに中東系の航空会社による輸送量が急増していた。コロナ禍でコンビネーションキャリアの輸送力が急減するなか、中東系の航空会社は輸送力を維持している。

　コンテナ物流では船社がフォワーディング事業を手掛けているが、航空会社は集配や営業をフォワーダーに依存している。フォワーダー事業では、激しい競争が繰り広げられ、国境を越えたM&Aによってメガフォワーダーが登場している。航空フォワーダーと航空会社は、Cargo iQ を通じて連携を強化し、サービス水準の向上と低コスト化を図っている。

　航空会社とフォワーダーの機能を統合するインテグレーターは、航空貨物市場だけでなく物流市場に大きな革新をもたらし続けている。各社の発展経緯は異なるものの、事業領域と規模を拡大し世界最大規模のLSPになった。インテグレーター3社は、航空貨物輸送量で世界トップクラスを占め、ロジスティクスサービスでもメガフォワーダーと競い合っている。とくにコロナ禍では、EC需要を取り込みさらに規模を拡大している。

　航空貨物輸送市場は、事業構造が全く異なる航空会社、フォワーダー、インテグレーターの競合と補完によって成り立っている。さらにフォワーダーとインテグレーターは、競争の場をロジスティクス市場全体に拡大し、激しく競っている。航空貨物輸送事業の特殊性に注意しながら、その事業構造の変化を継続して分析することが求められる。

参考文献

池上寛（2017）『アジアの航空貨物輸送と空港 』アジア経済研究所

オーシャンコマース（2020）『国際輸送ハンドブック』

関西空港調査会（2018）『航空貨物輸送の今後の展望を探る研究会』

日本物流団体連合会（2020）『数字でみる物流』

林克彦（2021）「航空貨物輸送事業の構造変化─航空会社、フォワーダー、イン
　　テグレーターの競争・補完─」『流通経済大学流通情報学部紀要』Vol.26、
　　No.1

みずほ銀行産業調査部（2014）「米国物流産業にみるプラットフォーム構築力
　　─FedEx のプラットフォーマーへの軌跡─」『みずほ産業調査』Vol.45、
　　No.2

みずほ銀行産業調査部（2020）「日本産業の中期見通し（物流）」『みずほ産業
　　調査』Vol.66、No.3

モレル、S. ピーター（2015）『国際航空貨物輸送』（木谷直俊・塩見英治・本間
　　啓之監訳）成山堂

Daily Cargo 編集部（2020）『航空貨物100問100答』海事プレス社

Boeing（2020）, *World Air Cargo Forecast 2020–2039*

IATA（2021）, *Air Cargo Market Analysis*

Lafaye, Alexandre（2007）, *Integrators' Air Network - A review of the Domestic
　　Express European Market*, Cranfield University

Merkert, R., et al.（2017）, Making or breaking - Key success factors in the
　　air cargo market, *Journal of Air Transport Management*, http://dx.doi.
　　org/10.1016/j.jairtraman.2017.02.001

Rodrigue Jean-Paul（2020）, *The Geography of Transport Systems*（*5th Edition*）,
　　Routledge

第10章

持続可能なロジスティクスを目指して

10.1　グリーン物流の推進

　物流危機が深刻化するなかコロナ禍が重なり、物流産業は変革期を迎えている。さらに重要な課題として、地球環境問題への対応が浮上している。

　2016年に発効したパリ協定では、長期目標として、産業革命前からの平均気温の上昇を2℃より十分下方に保持することが定められた。日本は、2021年に「パリ協定に基づく成長戦略としての長期戦略」を閣議決定し、2030年までに2013年度比温室効果ガス46％削減、2050年カーボンニュートラルを表明した。

　これを受けて、2021年国土交通省は、運輸部門の脱炭素化を進める「グリーンチャレンジ」をまとめた。運輸部門におけるCO_2排出量の86％を占める自動車からの排出量削減に向け、自動車の電動化を加速する施策が掲げられた。グリーン物流の推進では、①物流DXを通じたサプライチェーン全体の効率化、共同輸配送システムの構築、宅配便再配達の削減等、②高速道路での自動運転・隊列走行、ダブル連結トラックの普及等、③物流施設の低炭素化の推進、④ドローン物流の実用化・商用化、⑤海運・鉄道へのモーダルシフトが掲げられている。

　地球環境問題に先進的な取り組みをみせてきたEUでは、2030年までに地球温暖化ガス55％削減（1990年比）、2050年ゼロエミッションを目標に掲げている。これを受け、欧州委員会は、持続可能なスマートモビリティに向けた戦略を発表した（COM（2020）789final）。同コミュニケでは、2050年までに運輸部門における温暖化ガス90％削減を目標とした。達成目標として、①大型車両を含む全車両のゼロエミッション、②モーダルシフトにより鉄道貨物輸送量2倍、③持続可能なスマート輸送と高速積替え施設を備えた

複合輸送汎欧州輸送網（Multimodal TEN-T）の供用等を掲げている。

　いずれも自動車のゼロエミッションがもっとも重要な施策に位置付けられ、同時にモーダルシフトや共同輸送等により輸送効率を向上させることを掲げている。しかし、自動車の電動化には、一次エネルギー供給の脱化石化や充電スタンド網の整備等、大きな課題が残されている。さらにトラックの電動化は、乗用車と比べ航続距離や車両価格等の制約が大きい。トラックのゼロエミッションに向けた道筋は明らかではなく、とくに2030年中期目標達成で、電動化に過度に依存することは難しい。そこで、これまでの革新を踏まえて輸送効率を向上させることが重要になっている。

　前章まで、宅配便、ネット通販物流、コンテナリゼーション等による革新を、プラットフォームの視点から分析してきた。これらの革新は、民間企業が効率性と荷主ニーズへの効果的対応を図るために導入してきたが、限られた資源を有効に利用して効率的に物流サービスを提供するという点で、地球温暖化ガスの削減にも貢献している[1]。本章では、気候変動問題に対して、これまでの革新を踏まえて、第4次産業革命時代にふさわしい対応策を検討する。

（1）　物流革新による輸送コスト削減が輸送需要増加をもたらし、CO_2が増加するという面もある。例えば、ネット通販急増によって配送トラックからの CO_2 が増大している。しかし、消費者の買い物交通需要が減少する効果の方が大きく、トータルではネット通販の方が環境にやさしいという指摘もある。林・根本（2015）17～19頁。

10.2　これまでの革新のグリーン物流への貢献

10.2.1　コンテナリゼーションによるオープン型革新

　コンテナリゼーションは、地球環境問題対応策のなかでモーダルシフトの促進に大きく貢献している。標準化・規格化されたコンテナの導入によって、貨物の積み替えなしに異なる輸送機関を利用できるようになった。大陸諸国では、国内輸送でもコンテナが導入され、鉄道貨物輸送が復興した。日本でも、大型トラック荷台と同サイズの31フィートコンテナが開発され、モーダルシフトに貢献している。

　欧米や中国では、コンテナやシャーシ単位でのトラック輸送マッチングサービスが普及している。従来は、車両タイプや貨物の種類が多様なためマッチングに手間がかかっていたが、取引単位がコンテナに標準化され情報システムによる自動マッチングが可能になった。トラックの空車走行距離が減少し、排出ガスの削減に繋がっている。

　コンテナリゼーションは、輸送サービスを個々の荷主ニーズに合わせてオーダーメードで提供するのではなく、コンテナを利用して標準化した輸送サービスを提供する方式に変えた。また、輸送機関や荷役機械等のインターフェースを標準化し、誰でもコンテナ物流に参加できるオープン型にした。ビジネス・アーキテクチャの分類によれば、コンテナリゼーションは輸送サービスをクローズド・インテグラル型からオープン・モジュール型に転換した[2]。

　コンテナリゼーションは、海上輸送の枠を超え、フォワーディン

（2）　武石・高梨（2001）

グ、港湾運送、鉄道輸送、トラック輸送へと拡大した。規模の経済
を求め激しい競争が働き、コンテナ輸送の効率は向上した。

10.2.2　宅配便における共同システム化

　宅配便とネット通販は、多頻度小口物流によるトラック交通量増
加が環境問題を引き起こしていると指摘されることもある。しか
し、消費者ニーズに対応した効果的なサービスを提供しており、巣
ごもり消費を支える重要な社会的役割を果たしている。むしろ、多
頻度小口物流で消費者ニーズを満たしながら、混載化によって積載
効率を上げ交通量を減らし排出ガスを減らしていることに注目すべ
きである。

　宅配便事業者は、小型貨物を対象にシステム化を進め、集配、中
継、幹線輸送、ターミナル作業等から構成される多段階型のハブア
ンドスポークシステムを構築した。一定サイズ以下の小型貨物を対
象にターミナルでの機械化、自動化を進め、幹線輸送では小型貨物
を混載したロールボックスパレットを標準輸送用具として利用して
いる。早い時期から貨物追跡システムを導入しており、個品単位で
動静を把握し輸送品質を管理してきた。現在では、個品データを
ビッグデータとして活用し AI が作業計画を立てるなど、IoT（Internet
of Things）を先取りした動きをみせている。

　宅配便はモジュール化した輸送方式を採用しているものの、コン
テナリゼーションのように、その輸送方式が事業者間で共有されて
こなかった。しかし、最近では幹線輸送でロールボックスパレット
を共同輸送するなど、一部オープン型に転換する部分もみられるよ
うになった。

　より注目されるのは、宅配便事業者がネット通販事業者や荷主企
業と提携関係を結び、情報システムを通じて情報を交換するように

なったことである。宅配便事業者は、ネット通販事業者からの販売予測や出荷情報に基づき、輸送需要予測や作業計画を立てて、効率的に輸配送を行うようになっている。消費者とも会員サービスでスマホ等による情報交換を行い、再配達防止に役立てている。

　宅配便事業者は、膨大な数の荷主企業や消費者から輸配送を委託されており、巨大な共同輸送システムとみることもできる。より多くの荷主企業や消費者との情報連携を深めていけば、輸送効率をさらに向上できるかもしれない。宅配便事業者間の連携も、集配効率の低い過疎地域等で進められており、今後拡大していくと考えられる。

10.2.3　ネット通販 LPF のサプライチェーンへの拡大

　ネット通販事業者による自社 LPF 構築の勢いは目覚ましい。サプライチェーン全体のシステム化が進んでおり、とくにテクノロジーが高度に活用されている。アマゾンのようなテクノロジープラットフォーマーが自社 LPF 構築に取り組んでいることに加え、荷主企業として注文、出荷等の膨大な情報を持っていることが大きい。

　物流事業者は、荷主企業から出荷等に関わる限られた情報を直前にしか入手できないが、ネット通販事業者はリアルタイムで情報を取得でき、さらに膨大な情報をビッグデータとして活用することができる。これらの情報に基づき自動的に作業計画を立て、物流業務を実行することができる。

　ネット通販事業者は、物流業務についても機械化や自動化を進め、業務量の変動に対して柔軟に対処できるようにしている。FC内では、自動機器やロボット等が導入され、効率化が進められている。ラストマイルでは、シェアリングやマッチングを利用することにより、配送需要の変化に柔軟に対応できるようにしている。

アマゾンの場合、自社 LPF は川上の調達まで含めたサプライチェーン全体に及んでいる。川下の販売状況に応じて、直販商品を調達したり、出店者の商品の FC 搬入を受け付けており、極めて効率的なサプライチェーンが構築されている。

アマゾンのロジスティクスは、直販商品に限ってみればクローズドであるが、出品者向けにはオープン型である。両社を併用することにより、基盤プラットフォームの取扱量を拡大して規模の経済を発揮させ効率的なロジスティクスを展開している。

効率化は環境負荷軽減につながっている。アマゾンのマーケットプレイスを含めた流通総額当たりの CO_2 排出量は、SBTi（Science Based Targets Initiative）に沿い2019年に対前年比4.7％減、コロナ下の2020年には同16.4％減になった[3]

10.2.4　オープン・モジュラー型物流システムの必要性

これらの革新で共通しているのは、コンテナリゼーションに代表されるモジュラー型システムが輸送効率化で重要な役割を果たしていることである。特定荷主企業に特化したインテグラル型は他の荷主企業のために利用できないが、標準化されたコンテナであれば柔軟に共通利用できることが理由である。

宅配便やネット通販商品は、コンテナのように荷姿が標準化されているわけではないが、手作業で自動仕分け機等の機械に載せられるという緩やかな基準が定められている。これらの荷物は、中継輸

（3）　Amazon Sustainability 2020 Report による。SBTi はパリ協定が求める水準と整合して、企業が 5 〜15年先を目標として設定する温室効果ガス排出削減目標である。SBT は、CDP（Carbon Disclosure Project）、国連グローバル・コンパクト、WRI（World Resources Institute）、WWF（World Wide Fund for Nature）による共同イニシアチブが運営している。

送や幹線輸送ではロールボックスパレットに混載されてユニットロード化されている。

モジュラー化を前提に機械化が進められ、荷役機械や物流施設が巨大化すると、規模の経済が働く。実際にコンテナ物流と宅配便市場では、寡占化が進んでいる。ネット通販は、物流以外のマルチサイド・プラットフォーム効果が大きく働いていることもあり、寡占化が著しい。寡占に伴う問題はあるものの、物流面では効率化が進んでいる。

さらに物流事業者や荷主企業が共同で利用したり、情報を交換するオープン型システムが拡大すれば、より効率性が高まる。コンテナリゼーションでは、海上輸送だけでなく、鉄道輸送、トラック輸送でコンテナを共通して輸送できるようになった。宅配便とネット通販物流では、輸送システム自体はクローズドな点も多いが、荷主企業や消費者との情報交換によって効率を高めている。

一方、物流産業の太宗を占める貸切トラック輸送は、クローズド・インテグラル型である。コンテナドレージではトラクターとトレーラーに分離できるが、トラックは動力と荷台を切り離すことが出来ず専用輸送とせざるをえない。トラック運送業界内部や荷主企業との間でも情報連携は限られている。

グリーン物流を推進するうえで、貸切りトラック輸送を含め物流産業全体のオープン・モジュール化を図っていくことが求められている。さらにそこで活用が期待されているのが、情報通信技術の活用である。

10.3　フィジカルインターネット（PI）への期待

10.3.1　第 4 次産業革命時代のロジスティクス

　世界では、第 4 次産業革命に向けた取り組みが進められている。ドイツでは Industrie 4.0構想、米国ではインダストリアルインターネット、中国では中国製造2025等が発表されている。日本政府は、「日本再興戦略2016」で第 4 次産業革命により「超スマート社会（ソサエティ5.0）」の実現を提唱している。

　この構想では、自動車や機械、製品、部品等あらゆるモノがインターネットに接続され（IoT）、モノの状態（位置、温度、湿度、衝撃等）の管理や制御が可能になる。実際、電子タグや各種センサーの小型化、低廉化や、情報蓄積・分析のためのクラウドサービスや BD の活用によって、IoT の実装化が進められている。

　さらに企業レベルを超えて産業レベルで IoT を導入するため、生産、流通等の様々な分野で標準化やルール化が行われている。こうして現実（Physical）空間で取得したデータを IoT で BD として収集し、仮想（Cyber）空間で AI 分析を行い、その結果を現実空間にフィードバックする CPS の実現に向けた取り組みが進められている。

10.3.2　「スマート物流サービス」の開発

　ソサエティ5.0の実現に向けて、内閣府ではイノベーション実現のための「戦略的イノベーション創造プログラム（SIP）」を実施している。第 2 期（2018〜2022年度）には「スマート物流」が12課題のひとつとして選ばれた。メーカー、卸、小売り、物流事業者の自動データ収集・連携、物流・商流データ基盤の構築により、30％以

上の労働生産性向上を目標としている。

　基礎要素技術の開発では、実現可能性確認段階にあるものとして、荷姿ラベルキャプチャー、画像認識を用いた自動データ収集システム、専属便の組合せ配送に向けたデータ収集、アンチコリジョン・タグ、印刷型フレキシブルセンシングデバイス等がある。研究開発段階のものとして、荷物データを自動収集できる荷降ろし技術の開発、「荷物サイズ」「荷姿種別」「上積み可否判定」に資する映像処理 AI の開発が行われている。

　サプライチェーンの垂直的・水平的連携が十分ではない分野を選び、スマート物流のプロトタイプモデルの開発を行っている。返品、トラックの待機、積載率低下等が問題となっている日用消費財（加工食品含む）分野では、伝票電子化、バース予約連携、共同輸配送等の効果を検証している。

　ドラッグストア・コンビニ分野では、専用物流センターによる各社個別最適を越えた物流共同化（共同保管・共同配送等）を検証している。都心部での大手 3 コンビニによる共同配送実証実験では、トラック台数42％削減という結果が示された。

　複雑な商慣行や産業構造に加え、医療安全面で厳密な製品管理が必要な医薬品医療機器分野では、RFID による自動認識や共同保管・配送の実証実験に取り組んでいる。

　過疎化、高齢化等によって、一部の地域では物流網の維持が困難になっている。SIP では、岐阜地域を対象に需給管理システムを導入して業種業態を越えた共同幹線輸送やダイナミックプライシング等の実証実験に取り組んでいる。

10.3.3　PI の提唱

SIP では、物流・商流データ基盤構築により、フィジカルイン

ターネット（PI）を実現することを目指している。PI（Physical Internet）
は、インターネットの概念をロジスティクスに適用し、世界中のあ
らゆるロジスティクスネットワークを接続しようとするものである。

　バローら（2020）は、PI を次のように定義している。「フィジカ
ルインターネットは、相互に結びついた物流ネットワークを基盤と
するグローバルなロジスティクスシステムである。その目指すとこ
ろは効率性と持続可能性の向上であり、プロトコルの共有、モジュ
ラー式コンテナ、スマートインターフェースの標準化を図る。」

　PI で順守すべきプロトコル（規約）では、OLI（Open Logistics
Interconnection）参照モデルが提唱されている。このモデルは、物理
層、リンク層、ネットワーク層、ルーティング層、シッピング層、カ
プセル層、ロジスティクスウェブ層（運送契約等）から構成されている。

　モジュラー式コンテナは、PI で用いられる標準容器であり π（PI）
コンテナと呼ばれる。積載効率を高めるため π コンテナを組み合わ
せて満載できるように、海上コンテナやトラック荷台、ユーロパ
レット等の規格を整数分割して導き出された標準モジュールが提案
されている。π コンテナには、荷物の詳細や発着地、配達時間等の
データを記録する IoT タグや温度・湿度、衝撃等の情報を計測す
るセンサーが装着される。これらの情報は、積替え、仕分け、組合
せ、輸配送等の過程ごとに自動的に読み書きされ、荷役機器が自動
的に π コンテナを処理する。

　インターネットでパケット化されたデータが自動的にネットワー
クに転送されるように、π コンテナも空きスペースがあるネット
ワークで輸送される。インターネットのルーターに相当する物流セ
ンターや積替拠点では、π コンテナを自動的に仕分けて輸送機関に
適した輸送用モジュールに組み上げる。トラックや鉄道等の輸送機
関は、モジュールを満載して効率的に輸送する。

　PI 概念を完全に実現することは、もちろん物理的に限界がある。

そもそも情報と貨物とでは、性質が大きく異なっている。例えば、ネットワーク間の接続にほとんど費用が掛からないインターネットに対して、質量の大きな貨物を異なるネットワークに積み替えるには、大きな費用と時間が発生する。情報は劣化しづらくコピーも容易であるが、輸送中の貨物は破損や紛失のリスクが大きく代替も困難である。

しかし、情報通信技術やロボット技術の発達によって、荷主や物流事業者、インフラ管理者間の情報交換が容易になり、積み替えに係る費用や時間も低減している。PI 概念に基づき、荷主、物流企業、インフラ主体等が協力して標準化・規格化を進め、輸送スペースや保管スペースを共同利用すれば、個別企業では困難なレベルの効率化が達成でき、社会的課題への対応にもつながる。SIP やALICE では、導入可能性の高い分野から段階的に PI を実現していくことを想定している。

10.3.4　ALICE による PI ロードマップ

ALICE-ETP（Alliance for Logistics Innovation through Collaboration in Europe − European Technology Platform）は、産官学（荷主、物流企業、インフラ管理者、車両メーカー、情報通信企業等）の連携によって、ロジスティクスの革新を図るため2013年に設立された。EU の研究助成金プログラム Horizon2020の支援を受け、ALICE は PI の研究を続けている。これまで、ロジスティクス相互接続の情報システム、持続的・安全確実なサプライチェーン、回廊・ハブ・シンクロモーダリティ、都市ロジスティクス等の 5 分野に分けて PI の研究を進めてきた[4]。

（4）　https://www.etp-logistics.eu/。

　ALICE は、地球温暖化ガス削減目標を達成するためには、ゼロエミッションに加えて、PI の早期実現が重要とした。当初の目標を前倒しして2030〜40年に PI を実現するロードマップを再策定した（ALICE-ETP（2020））。①ロジスティクスノード、②ロジスティクスネットワーク（LN）、③ LN システム、④アクセス、⑤ガバナンスの分野で 5 年毎の目標を掲げたロードマップを策定し、関係者の連携協力のもとで研究が進められている。

　現時点（2020〜2025年）では、ロジスティクスノードのオープン・シームレス化、ネットワークの接続性向上、分野別・地域的な参加、プラットフォーム資産のシェアリング規則化・管理体制を検討している。PI 実現までの道のりは遠くみえるが、段階的なロードマップが提示されたことに意義があろう。

10.3.5　PI の現状把握

　PI 提唱者である Ballot et. al.（2021）によれば、現在は PI の社会実装に向けて ALICE 等の研究機関や企業等がパイロット事業やケーススタディを行っている段階である。PI 概念に基づく事業を開始したスタートアップ企業も、既に多く誕生していると評価している。

　π コンテナに関しては、荷役効率や環境性に優れ、情報通信可能な輸送用具の開発が進められている。代表的な事例としてスタートアップである Aeler、LivingPackets 等が挙げられている。

　PI 概念に沿ったオープン型ネットワークでは、オンデマンド型倉庫（Flexe.com）や実店舗に小型フルフィルメントセンターを提供する darkstore.com が登場した。アマゾンによるフルフィルメント事業（FBA）もサードパーティセラーが自由に利用できるという点で PI の特徴があるという。オープン型配送ネットワーク（roadie.com）や物流

マーケットプレイスアプリ（coyote.com, freightera.com, colibri, mixmove.io, uber.com/freight）も急成長している。

　大手物流事業者のなかにも PI に取り組むものが増えている。Americold、SF Express、UPS は、ジョージア工科大学と PI 共同研究を開始している。

10.3.6　日本における PI の現状

　日本では、ヤマトホールディングス傘下のヤマトグループ総合研究所が2019年にジョージア工科大学、2020年にパリ高等高等工業学校と PI 共同研究の覚書を締結し、注目を集めている[5]。両校には、PI を主導してきた Benoit Montreuil と Eric Ballot がそれぞれ所属している。荒木勉ヤマトグループ総合研究所専務理事によるバローら（2020）翻訳出版、PI 研究会の立上げ等の活動が相次いでいる。PI 研究会には、物流事業者や荷主企業、国土交通省等関連省庁、野村総合研究所等、多数の組織が参加している。

　木川眞ヤマトグループ総合研究所理事長は、PI 理解のキーワードとしてオープン化、標準化、グローバル化、環境を挙げ、ヤマトグループがこれまで進めてきた施策の多くは PI のキーワードで整理できると指摘している[6]。オープン化の事例として、他社の積み替え拠点としても利用されるヤマト運輸のゲートウェイやクロノゲートを挙げている。オープン化と標準化の事例では、ロールボックスパレットを標準輸送容器として利用し、他社と共同輸送するJITBOX チャーター便がある。共同物流のように日本が先行してい

（5）　一般社団法人ヤマトグループ総合研究所 HP（https://www.yamato-soken.or.jp/index.html）による。
（6）　木川眞「フィジカルインターネットを主導する」Logi-Biz2020年 9 月、4〜 5 頁。

る分野もあり、このような分野では日本が国際標準を設けるなど世界をリードする可能性も指摘している。

このような指摘に基づけば、この他にも多くの PI 事例が散見されよう。πコンテナの特徴を有する輸送用具の開発では、着脱式荷台（ホームロジスティクス）、プロテクトボックス（日本通運）[7]等が開発されている。オープン型ネットワークでは、オンデマンド型倉庫（souco）、配送シェアリング（ハコベル、ダイアク、アマゾンフレックス等）、貨客混載等、スタートアップを中心に様々なサービスを開始している。フルフィルメント事業については、宅配便事業者だけでなく日立物流、日本通運等、多くの3PL が取り組んでいる。

10.4　これからのロジスティクス

コンテナリゼーションや宅配便等の革新は、オープン・モジュール型ロジスティクスの導入による効率化を通じて気候変動問題への対応にも繋がっている。船社、宅配便事業者、ネット通販事業者等は SBTi 認証を受け、パリ協定に沿った排出削減努力を続けている。

しかし、これらの革新が進む分野は、ロジスティクス全体の一部に過ぎない。効率的な LPF の構築は限られた分野に留まっており、とくに最大のトラック輸送分野での取り組みは遅れている。

パリ協定に基づいて定められた温暖化ガス削減目標は、個別企業や業界による対応策のみでは解決不可能な高い水準である。これからのロジスティクスでは、ロジスティクスネットワークの接続を通

（7）　トラック輸送だけでなく、海上輸送、航空輸送でも利用可能な複合輸送ユニットロード用である。日本通運プレスリリース2021年 5 月21日。

じて LPF を拡大し、持続可能性の視点から全体最適化を図っていくことが求められる。

EU における ALICE や日本におけるスマート物流など国家的プロジェクトのなかで、あらゆるロジスティクスネットワークを接続する PI 実現が中長期的な課題として取り上げられている。PI は持続可能なロジスティクスのあり方を示唆する重要な概念として評価される。PI 概念に基づくプロトコル共有、π コンテナ導入、スマートインターフェース標準化といった新技術や施策を導入することにより、別次元の効率化がもたらされる可能性がある。

しかし PI 実現には、技術的な課題に加えてガバナンスやアクセスが大きな課題となっている。ALICE は、ガバナンスの課題としてアセットシェアリング等の規則作り、PI 管理主体の設立等を掲げている。アクセスでは、共同化と連携、水平・垂直的な参加体制、拡張、オープン化等の課題を挙げている。

これまでの物流革新は、企業競争のなかで傑出した経営者や企業によって生み出されてきた。ところが、PI 実現には、ガバナンスやアクセスのように市場では解決が難しい課題が立ちふさがっている。荷主企業、物流事業者、行政等、多様な主体がどのように連携、協力して、PI を実現していくか注目される。

参考文献

国土交通省（2021）『グリーン社会の実現に向けた国土交通グリーンチャレンジ』

高槻芳（2021）「物流、再発明」『日経コンピュータ』2 月 4 日

武石彰、高梨千賀子（2001）「第 6 章 海運業のコンテナ化」藤本隆宏、武石彰、青島矢一編『ビジネス・アーキテクチャ』有斐閣

林克彦・根本敏則（2015）『ネット通販時代の宅配便』成山堂

林克彦（2019）「ネット通販物流の革新性」『運輸と経済』

林克彦（2021）「フィジカルインターネット概念とその取組状況」『日交研シリーズ』A-818

バロー・エリック、ブノア・モントルイユ、ラッセル・D・メラー（2020）、
　　『フィジカルインターネット―企業間の壁崩す物流革命』（荒木勉訳）、日経
　　BP

みずほ銀行産業調査部（2020）「フィジカルインターネットによる物流の変化
　　～3PL 事業者が目指すべき方向性」『Mizuho Short Industry Focus』10月 6
　　日

ALICE-ETP（2019）, "Roadmap towards Zero Emissions Logistics 2050"

Ballot E, Montreuil B, Zacharia Z.（2021）"Physical Internet, First results and
　　next challenges", *Journal of Business Logistics*, Vol.42, pp. 101–107.

European Commission（2020）, "Sustainable and Smart Mobility Strategy –
　　putting European transport on track for the future", COM（2020）789 final.

索　引

ま行

【著者紹介】

林　克彦（はやし　かつひこ）

1959年愛知県生まれ。
東京工業大学工学部卒業、同大学院理工学研究科(社会工学)修士課程修了
株式会社日通総合研究所、流通科学大学商学部専任講師、助教授、教授
を経て、流通経済大学流通情報学部教授
現在、流通経済大学大学院物流情報学研究科長

主要著書

"Intermodal freight transport and logistics", *Maritime Logistics (thrid ed.)*,（共著、2021年、Kogan Page）、『物流論第2版（ベーシック＋）』（共著、2020年、中央経済社）、『宅配便革命〜増大するネット通販の近未来〜』（2017年、マイナビ新書）、『ネット通販時代の宅配便』（共著、2015年、成山堂書店）

現代物流産業論（げんだいぶつりゅうさんぎょうろん）
ロジスティクス・プラットフォーム革新

発行日　2022年7月1日　初版発行

著　者　林　　克　彦
発行者　上　野　裕　一
発行所　流通経済大学出版会
　　　　〒301-8555　茨城県龍ケ崎市120
　　　　電話　0297-60-1167　FAX　0297-60-1165